바람따라 흐르는 날들

온하루

바람따라 흐르는 날들

좋은땅

프롤로그

바람이 스칠 때마다
나는 마음 깊은 곳이 움직이는 걸 느꼈어.

무심히 지나가는 바람결이
어느 날은 따스한 위로가 되었고,
또 어떤 날은 지친 나를 다정히 안아 주었지.

그렇게 하루하루,
나는 마음이 흐르는 방향으로 걸어 왔어.

어디로 가는지도 모른 채,
그저 감정이 이끄는 대로,
바람이 머무는 곳을 따라.

이 책은 그런 날들의 조각들이야.
흩어지지 않게 살며시 눌러 담은 마음들.

혹시 너도,
바람처럼 흔들리는 날들 속에 있다면-

이 조용한 이야기들이
너의 마음을 잠시라도 쉬게 해 주기를.

그랬으면, 정말 좋겠어.

목차

Part 1.
햇살을 품은 날들 9

Part 2.
바람결에 흐르는 설렘 37

Part 3.
흘러가는 구름 사이로 71

Part 4.
바람에 실려 온 기억 103

Part 5.
빗방울이 흘러간 자리 135

Part 6.
저문 노을빛에 잠긴 마음 167

Part 7.
별빛 아래 고요한 밤 205

Part 8.
별들의 속삭임 243

Part 9.
다시 찾아온 봄바람 273

Part 1.

햇살을 품은 날들

따스함에 안겨 피어난 마음

여전히 봄

계절은 몇 번이나 바뀌었는데,
내 마음엔 아직도 봄이 머물러 있다.

꽃잎은 이미 지고, 바람은 짙어졌지만
그때의 햇살, 그날의 웃음은
아직 마음 어딘가에 그대로 남아
자꾸만 나를 미소 짓게 한다.

햇살이 창문을 스치던 오후,
무심코 부는 바람에도
너와 나누었던 이야기들이 살랑살랑 피어난다.

봄은 그렇게 끝나지 않는다.
기억 속 어디에선가 여전히 피고,
마음 한구석에서 조용히 웃고,
때론 눈물이 마를 만큼 따뜻하다.

누군가에게 건넨 다정한 말 한마디,
괜히 설레던 공기,

우리가 함께 걷던 길 위에 남은 발자국들.

그 모든 것이 아직 내 안에 살아서
나는 지금도 문득,
그때처럼 따뜻해진다.

시간은 흐르지만
마음속 봄은 지지 않는다.

지금 이 순간에도
내 안엔 여전히 봄이 머물고 있다.

마음으로 물든 하루

평범한 하루 속에서도
우리가 느끼는 작고 따뜻한 순간들은
결코 우연히 찾아오는 게 아니다.
그 모든 건 마음이라는 작은 씨앗이
조용히 자라난 결과다.

커피 한 잔에 담긴 정성,
걸음을 멈추고 바라본 하늘의 색,
누군가에게 건넨 따뜻한 미소,
그 모든 것이 마음을 담은 작은 선물이다.

마음이 담기면
평범한 공간도 특별해지고,
지나치던 순간들도 의미가 생기며,
보잘것없던 일도 소중해진다.

그래서 우리는
때로는 바쁜 일상 속에서 잠시 멈춰 서서
내 마음이 어디에 닿아 있는지 살펴봐야 한다.

내 마음이 닿는 곳이
내 일상의 빛이 되고,
그 빛이 모여
내 삶을 아름답게 만든다는 걸.

일상이 특별한 건
그 속에 담긴 마음 때문이다.
작은 마음들이 모여
우리의 하루를, 우리의 이야기를
빛나게 만들어 주니까.

달콤한 낮잠

해가 중천에 머물 때,
빛은 유난히도 따사롭고
바람은 말랑말랑해진다.

창밖에서는 일상이 분주하게 흐르고 있지만,
방 안에는 고요가 내려앉는다.
살금살금 다가오는 졸음은
마치 오랜 친구처럼 자연스럽고 편안하다.

나는 이불 위에 몸을 맡기고
아무 생각 없이 눈을 감는다.
해야 할 일도, 끝내지 못한 대화도
모두 잠시 저 멀리 두고.

낮잠은 짧지만 깊다.
의무로부터 해방된 시간,
세상과 나 사이에 놓인 얇은 커튼처럼
현실과 꿈의 경계를 흐릿하게 만든다.

때로는 어린 날의 기억이 스쳐 가고,
때로는 아무 장면도 없이
그저 따뜻한 빛에 감싸인 채 쉰다.

달콤하다는 말,
바로 이런 시간에 쓰는 거 아닐까.
무엇 하나 이뤄 내지 않아도
스스로에게 충분히 다정해지는 순간.

잠시 깼을 때, 얼굴에 빛이 닿는다.
살짝 흐트러진 머리칼 위로 햇살이 내려앉고,
나는 다시금 하루와 마주할 준비를 한다.

잠깐의 낮잠이 준 평화는
오후의 긴장마저 부드럽게 푸는 마법이 된다.
세상이 잠시 멈춰 준 덕분에
나는 나를 잠시 안아 줄 수 있었다.

엄마라는 두 글자

세상에서 가장 평범한 이름,
하지만 누구보다 위대한 존재.
엄마라는 두 글자에는
말로 다 담을 수 없는 삶의 무게가 실려 있다.

항상 내 옆에 있었기에
그 소중함을 늦게야 알아차렸고,
무언가를 줄 때마다
당연한 듯 받아들였지만,
그 속엔 셀 수 없는 희생과 사랑이 숨어 있었다.

엄마는 자신보다 나를 먼저
걱정하고, 챙겨 주었다.
하고 싶은 꿈도 저버릴 만큼
세상 그 무엇보다 내 행복을 바라는 사람.
그런 사람이 바로, 엄마였다.

살아가며 수많은 관계를 만나고 헤어졌지만,
엄마만큼 무조건적인 사랑을 준 사람은 없었다.

엄마만큼 나를 온전히 믿어 준 사람도 없었다.

나는 이제야 조금씩 알아 간다.
엄마의 등 뒤에 숨어 있던 눈물,
손등에 스며 있던 노동의 시간들,
말하지 않아도 느껴졌던 그 묵묵한 사랑을.

하지만 세월은 누구에게도 예외가 아니었다.
언제나 강하게만 보였던 엄마도
조금씩 작아지고,
약해지는 모습을 보일 때가 있었다.

세월 앞에서 흔들리는 엄마의 뒷모습은
나에게 또 다른 숙제를 남긴다.
이제는 내가
엄마의 손을 잡아 줄 차례라는 것을.

엄마도 결국 한 사람의 여자이고,
한때는 누군가의 딸이었음을 깨닫게 한다.

그 사랑은 거창한 말이 필요 없고,
그 존재는 어떤 수식어로도 부족하다.

그래서 나는 오늘도 마음속으로 되된다.
엄마, 늘 고맙고…
무엇보다 내가 많이 사랑해.

당연함의 가치

평소에는 무심코 지나쳤던 손끝 하나가
아플 때면 세상의 모든 무게를 짊어진 듯
무겁게 느껴진다.

손을 다쳤던 그날,
비누 거품이 닿기만 해도 찌릿하고,
물 한 방울 씻는 것조차 버거워서
내 몸의 일부가 사라진 듯 허전하고 외로웠다.

평범했던 '손 씻기'라는 행동이
그토록 소중한 의식으로 변하는 순간,
나는 깨달았다.

그동안 얼마나 많은 일들을,
그저 건강해서, 당연해서,
아무 생각 없이 해 왔는지를.

건강함이란,
매일 아침 눈을 뜨고,

따스한 햇살 아래 걸으며,
누군가와 대화를 나누고,
내가 좋아하는 것을 할 수 있는 힘이다.

그 힘이 있기에
나는 꿈을 꾸고, 움직이고, 사랑한다.
그 당연함이 하루아침에 사라질 수도 있다는 사실을, 그제야
나는 알게 됐다.

몸이 아프고 움직임이 둔해질 때,
작은 움직임 하나, 숨 쉬는 하나하나가
마치 보물처럼 소중해진다.

그래서일까, 건강한 지금 이 순간,
나는 더욱 삶을 애틋하게 바라본다.

'아파서 깨닫는 것'보다
'건강할 때 소중함을 느끼는 것'이
얼마나 중요한지.

평범한 일상이란,
가장 값지고 아름다운 선물이다.

건강한 오늘,
그 당연함에 감사하며,
더 많이 웃고, 사랑하고,
하고 싶은 일들을 마음껏 하자.

이 모든 순간들이 모여
우리 삶에 깊은 빛이 되고,
결국엔 '소중함'이라는 이름으로
우리 마음 한 켠에 영원히 남을 테니까.

소확행

소확행이라는 말은
내 삶 속에 숨어 있는 작지만 확실한 행복.

커다란 성공이나
특별한 이벤트가 아니어도 괜찮다.
그저 일상 속에 스며드는 작은 순간들,

누구나 쉽게 지나칠 수 있지만
내 마음 깊이 스며들어
잔잔한 기쁨을 전해 주는 그런 순간들 말이다.

아침 햇살이 창문을 타고
살며시 내 방을 채울 때,
따뜻한 차 한 잔을 손에 쥐고 천천히 음미할 때,
길가에 피어난 작은 꽃 한 송이에
눈길이 머물 때,
좋아하는 노래가 귓가에 흐를 때,
그리고 소중한 사람과 나눈
짧은 웃음 한 조각에도 소확행이 숨어 있다.

그 작은 행복들은 마치
조용한 강물처럼 내 마음을 적셔 주고,
복잡하고 빠른 세상 속에서
잠시 숨을 고르며
나 자신과 마주할 수 있는 여유를 선물한다.

소확행은 결국,
'지금, 이 순간'을 온전히 느끼고
사랑하는 마음이다.

내 안에 깊이 자리한 감사와 평화이며,
바쁘고 분주한 하루 속에서도
작은 기쁨들을 놓치지 않으려는 의지이다.

어쩌면 소확행은
삶을 살아가는 또 하나의 지혜일지도 모른다.

거대한 행복만을 좇다가
소중한 순간들을 놓쳐 버리기 쉽지만,

그 작은 조각들이 모여
내 삶을 풍성하고 의미 있게 만든다.

그래서 나는 오늘도
소확행을 찾아 길을 걷고,
일상의 평범한 순간들 속에서
반짝이는 빛을 발견한다.

그 빛들이 모여
내 하루를 따뜻하게 감싸고,
내 마음을 부드럽게 만들어 준다.

소확행은 멀리 있지 않다.
그저 나의 일상, 나의 마음속에
조용히 그리고 분명히 자리하고 있다.

서로의 곁에서

'함께'라는 말은 참 조용하다.
크게 소리치지 않고도
옆에 있는 것만으로도 마음을 다 건넬 수 있다.

아무 말 없이 걷는 길에서도,
무겁지 않은 눈빛 하나에도
함께 있다는 감정은
스르르 마음 깊은 곳까지 내려온다.

같은 자리에 앉아 있다는 것,
같은 하늘을 올려다본다는 것,
그 단순함이 얼마나 큰 위로가 되는지
우리는 자주 잊곤 한다.

함께라는 건,
뭔가를 해 주는 게 아니라
곁에 있어 주는 일이다.
울음을 대신 울어 줄 수는 없지만,
그 옆에서 조용히 어깨를 내어 줄 수는 있는 일.

혼자서는 버거운 순간에도
누군가와 함께일 때
세상은 조금 덜 날카롭고,
삶은 조금 더 부드러워진다.

그래서 우리는
'혼자서도 잘해'라는 말보다
'같이 있어서 참 좋아'라는 말을
더 오래 기억한다.

어쩌면 인생은,
함께 걷는 사람 하나를 만나는 일.
그리고 그 사람과
서로의 걸음에 맞춰 천천히 나아가는 여정.

마음이 외롭다고 느껴질 때,
삶이 조금 멀게 느껴질 때,
기억하자.

누군가의 '함께'가

당신의 하루를 따뜻하게

만들어 주고 있을지도 모른다는 걸.

티키타카

마음이 통하는 순간은
길게 설명하지 않아도 된다.
눈빛 하나에 웃음이 터지고,
짧은 말끝에 이어지는 대답이
자연스레 장단을 만든다.

티키타카.
마치 공이 오가듯,
너와 나의 대화도 가볍게 튀어 오른다.
한쪽에서 던지면 다른 쪽에서 받아 주고,
거기에 작은 농담을 얹으면
또 다른 웃음으로 돌아온다.

그건 단순한 말의 주고받음이 아니다.
서로의 마음이 닮아 있기에
속도와 리듬이 어긋나지 않고,
어쩐지 더 오래 함께 있고 싶어지는
묘한 끌림이 된다.

티키타카가 잘 되는 관계는
편안함과 신뢰 위에 세워진다.
상대가 무슨 말을 하든
나를 향한 악의가 없음을 알기에,
그 안에서 자유롭게 농담하고 웃을 수 있다.

어쩌면 티키타카란
서로의 마음을 확인하는
가장 자연스러운 방식일지도 모른다.

말이 오가는 속도만큼
친밀함도 깊어지고,
웃음 속에서 더 단단한 유대가 쌓여간다.

그래서 티키타카는 대화가 아니라,
사이의 온도다.
너와 내가 맞춰가는 리듬,
그리고 그 속에서 태어나는 따뜻한 웃음.

소란스러운 사랑

어릴 적, 듣기 싫었던 말 중 하나가 잔소리였다.
학교 다녀오면 숙제했냐는 말,
밥은 제대로 먹었냐는 말,
밤늦게까지 휴대폰 보지 말라는 말.
그 모든 게 귀찮게만 느껴졌다.

하지만 시간이 지나고 보니,
잔소리는 사실 관심의 또 다른 이름이었다.
무심한 사람은 굳이 내 삶에 간섭하지 않는다.

나를 생각하지 않는 사람은
내 몸과 마음을 챙겨 주려는
말조차 건네지 않는다.

잔소리는 때로는 서툰 표현 방식이다.
'너 잘되라고 하는 말이야'라는 말 뒤에는
내가 더 건강하고,
더 행복하길 바라는 마음이 숨어 있다.
다만 그것이 따뜻한 위로 대신

날카로운 말투로 겉돌아 전해질 뿐이다.

살다 보면, 잔소리가 그리울 날이 온다.
누군가 나에게 매일같이
"밥은 먹었어?" 하고 묻던 순간,
내 몸을 먼저 걱정해 주던 목소리,
내 미래를 나보다 더 마음 졸이며
응원해 주던 눈빛-

그 모든 게 사라지면,
우리는 그제야 깨닫는다.
잔소리가 곧 사랑이었다는 걸.

그래서 잔소리는 참 모순적이다.
들을 땐 귀찮고, 사라지면 그립다.
거추장스러우면서도,
사실은 우리 마음을 지탱하는
보이지 않는 울타리 같은 것.

오늘 내가 누군가에게 잔소리를 하고 있다면,
그건 아마 사랑하기 때문일 것이다.
그리고 누군가 내게 잔소리를 하고 있다면,
그것 역시 나를 향한 애정의 방식일 것이다.

얼굴 찌푸리지 말아요

"웃는 얼굴에 침 못 뱉는다"는 말이 있다.
참 재미있고도 진리 같은 말이다.
어떤 사람이 나를 향해 활짝 웃으며 다가올 때,
어떻게 그 얼굴에 날카로운 말을
던질 수 있을까.
기분이 아무리 뒤죽박죽이어도
그 미소 앞에선 나도 모르게 마음이 풀린다.

가만 보면
웃는 얼굴이 예쁘지 않은 사람은 없는 것 같다.
아이돌처럼 생기지 않아도,
피곤이 잔뜩 묻은 얼굴이어도,
진심 어린 미소 하나만으로도
세상 누구보다 따뜻해 보이고,
순식간에 주변 공기를 말랑하게 만들어 버린다.

누군가의 웃는 얼굴을 마주치면
나도 모르게 입꼬리가 올라간다.
그 미소가 옮아 온 듯,

나도 덩달아 웃게 되고,
마음 한 켠이 은은하게 반짝인다.

우리는 생각보다 자주 지치고,
별일 아닌 일에도 마음이 구겨지곤 한다.
그럴 때, 누군가의 환한 얼굴을 떠올려 보자.
그 웃음 하나가
하루를 견디게 해 주는 힘이 될지도 모르니까.

그리고 나도 잊지 말자.
내 웃는 얼굴 역시
누군가에겐 그 하루를 밝히는
햇살이 될 수 있다는 걸.

Part 2.

바람결에 흐르는 설렘

너에게 닿은 사랑의 고백

처음 본 순간

수많은 사람들 속에서
그저 스쳐 지나갈 뻔한 너를
나는 그날, 처음으로 바라보았다.

눈길이 마주쳤던 그 찰나,
세상은 잠시 멈춘 듯 고요했고,
내 안에서 작고 묵직한 무언가가
살며시 피어올랐다.

말 한마디, 웃음 한 조각 없이도
가만히 서 있는 너의 모습에
이유 모를 따스함이 밀려왔고,
가슴 한구석이 부드럽게 떨렸다.

처음 본 순간이란,
때로는 말로 설명할 수 없는
그 무엇이다.

시간은 평소처럼 흘러갔지만

내 마음속에서는
조용한 파도가 일렁였고,
그 파도는 수없이 많은 기억과
기대, 그리고 작은 꿈을
한꺼번에 몰고 왔다.

그 순간부터
너는 내 하루 속에 은은히 스며들었고,
빛바랜 사진처럼
소중히 간직되는 한 페이지가 되었다.

처음 본 순간의 설렘은
누군가를 온전히 이해하기 전의
조심스러운 다가감이며,
무엇과도 바꿀 수 없는
마음의 첫 울림이다.

그 마음은 서서히 자라나
우리가 서로에게 닿는 이유가 되고,

가장 아름다운 기억이 되어
우리 삶에 반짝임을 더한다.

그날, 그 순간,
처음 본 너의 눈동자 속에
나는 작은 별 하나를 발견했다.

그리고 그 별은
내 마음속 어둠을 밝히는
빛이 되었다.

자석 같은 이끌림

우리는 종종
자신과 닮은 사람에게서 편안함을 느끼지만,
이상하게도 마음을 더 강하게 흔드는 건
전혀 다른 결을 가진 이들이다.

마치 낮과 밤이 서로를 완성하듯,
차가움과 따뜻함이 어우러져야
온전한 계절이 되듯,
나와는 다른 결이 내 빈틈을 채워 주기 때문이다.

비슷한 점만으로는 알 수 없는 풍경이 있다.
내가 보지 못한 세상을,
그 사람은 늘 다른 각도에서 보여 준다.
그 다름 속에서 나는 낯선 설렘을 느끼고,
동시에 내가 더 큰 사람이 될 수 있다는
가능성을 본다.

또한, 반대의 존재는
나를 끊임없이 흔들고 도전하게 만든다.

내가 익숙한 울타리 안에만 머무르지 않도록,
더 넓은 세상으로 발걸음을 옮기게 한다.
그 과정이 때론 불편하고 서툴지만,
결국은 나를 변화시키고 성장시킨다.

그래서 우리는 닮은 사람에게는 안식을,
다른 사람에게는 자극을 얻는다.
그리고 그 자극은 곧 새로운 설렘이 되고,
그 설렘이 사랑의 씨앗이 되기도 한다.

결국 반대가 끌리는 이유는
단순한 호기심이 아니라,
내 안에 없는 무언가를
그 사람이 지니고 있기 때문이다.

나와 다른 색깔이기에,
함께 섞일 때 더 깊고 넓은 무늬가 완성된다.

짝사랑

말하지 않아도 괜찮다고 생각했다.
그저 그 사람을 바라볼 수 있다는 사실만으로
내 하루는 햇살로 가득 찼다.

그 미소 하나, 작은 눈짓 하나가
내 마음에 봄바람처럼 살랑살랑 불어와
설레는 마음이 온몸에 퍼졌다.

내가 모르는 그 사람의 하루 속에서
내 마음은 조용히, 그러나 확실하게
그 사람 곁을 걷고 있었다.

어쩌면 세상 누구보다 가까이서
그의 작은 변화와 기쁨을 함께 느끼며,
내 마음은 자꾸만 뛰었다.

작은 관심에도 웃음이 새어 나오고,
서툰 기대에 손끝이 떨리고,
마음 한 켠에 피어난 사랑은

햇살보다 따뜻하게 나를 감쌌다.

아직 말하지 못한 사랑이지만,
그 설렘만으로도 충분했다.
내 마음속에는 늘 그 사람의 이름이
부드러운 빛으로 반짝이고 있으니까.

그래서 오늘도 나는
밝은 햇살 아래 그 사람을 조용히 바라본다.
그 누구도 모르는 나만의 작은 비밀처럼,
소중하게 간직한 사랑의 빛을 안고서.

마음을 드려요

처음 마음을 전할 때,
말로 다 표현하지 못한 그 설렘과 떨림을
작은 선물 하나에 담아 전하곤 했다.

내게는 그 선물이 바로 '레몬사탕'이었다.

새콤달콤한 그 한 알에는
부끄러움과 기대가 가득했다.
'이 마음을 조금이라도 전할 수 있다면…'
하는 소박한 바람이 담겨 있었다.

레몬사탕을 건네던 순간,
그 작고 투명한 포장지 너머로
내 마음이 조심스레 빛났다.

그 선물은 단순한 사탕이 아니라
내 마음을 표현하는 작은 언어였다.

누군가에게 마음을 전한다는 건

때로 말보다 더 큰 용기가 필요하고,
작은 사탕 한 알이
내 모든 감정을 대신해 주었다.

그 이후로도
마음을 담는 방법은 많아졌지만,
그날의 레몬사탕은
설렘과 온기가 스며든 기억으로 남아
누군가를 향한 마음이 스칠 때마다
가장 먼저 떠오르는 따뜻한 조각이 되었다.

너라는 꿈

사랑은 때로, 꿈처럼 다가온다.
아직 눈을 뜨지 못한 아침의 햇살 같기도 하고,
달콤한 낮잠 속에 피어나는 꽃잎 같기도 하다.
너라는 존재는 내 삶에 내려온
가장 선명한 꿈이었다.

처음 네가 내 곁에 왔을 때,
세상은 조금 더 밝아졌고,
내 마음은 그 어느 때보다도 따뜻해졌다.
너의 웃음소리는 내 하루의 배경음악이 되었고,
너의 눈빛은 내가 걸어가는 길을 밝혀 주는 등불이었다.

사랑은 거창한 말이나
화려한 제스처가 아니었다.
서로의 작은 숨결을 느끼고,
같은 시간을 나누며
말없이 마음을 주고받는 그 순간들이
바로 진짜 사랑임을 알게 되었다.

힘들고 지칠 때도 있었지만,
너라는 꿈이 나를 일으켜 세웠다.
그 꿈은 언제나 나에게
다시 한번 웃을 용기와
함께 걷고 싶은 희망을 선물했다.

너와 나눈 모든 기억은
마치 별빛처럼 반짝인다.
서로의 온기를 느끼며 만들어 낸
작고 소중한 순간들이 내 마음을 가득 채운다.

그래서 오늘도 나는 꿈을 꾼다.
너와 내가 함께 걷는 미래를,
서로의 손을 잡고 웃는 날들을.

이 꿈이 현실이 되는 그날까지
나는 너라는 꿈을 소중히 안고 살아갈 것이다.

너는 나에게 단순한 사람이 아니라,

가장 아름다운 꿈이며,

내가 매일 아침 눈 뜰 이유이자,

내가 밤하늘의 별을 바라보는 이유다.

너를 좋아하는 이유

너를 좋아하는 이유는
사실, 한두 가지로 설명할 수 없어.

처음엔 너의 웃음이 좋았어.
해처럼 따뜻하고,
지친 마음을 녹여 주는 햇살 같았거든.

조금 더 가까워지고 나서 알게 된 건,
너의 말투, 너의 눈빛,
사소한 배려 하나하나가 참 예쁘다는 거였어.

말을 아끼는 네가
가끔 꺼내는 진심 어린 한마디,
그게 얼마나 큰 위로가 되는지
너는 모를 거야.

어떤 날은
말없이 곁에 있어 주는 너의 조용함이 좋고,
또 어떤 날은

세상을 향해 당당히 웃는 너의 강인함이 좋아.

나는 너의 완벽함을 좋아하는 게 아니야.
오히려 조금은 어설프고, 가끔 흔들리고,
그런 너의 불완전함이
더 사람 냄새나서 좋더라.

너는 네가 얼마나 괜찮은 사람인지
아직 다 모를지도 몰라.
하지만 나는 알아.
내가 보고 느낀 너는,
참 다정하고, 깊고,
가만히 곁에 머물고 싶은 사람이야.

그래서 이유를 묻는다면
나는 대답하지 않을지도 몰라.

그저 '너라서'라고,
아무 이유 없이

그냥 '너이기 때문에' 좋아한다고
말하고 싶어질 거야.

좋아하는 마음이란
결국 이유를 넘어서는 감정이니까.
그 감정이 만들어 낸 따뜻한 하루들이
내 마음을 조용히 물들이고 있어.

그러니까, 나는 오늘도
너를 참 많이 좋아해-

너를 쓴다

펜을 쥐고 종이를 앞에 두면,
머릿속 생각들이 금세 줄을 서는 것 같다가도
막상 첫 글자를 적으려 하면
쉽게 나오지 않는다.

손편지는 말처럼 즉흥적이지 않다.
마음을 고르고, 단어를 골라야 한다.
받는 사람이 이 글을 읽을 때
어떤 표정을 지을지,
그 문장에 머물러 얼마나 오래 생각할지를
조심스럽게 상상하게 된다.

한 글자, 한 문장씩 적어 내려갈 때
내 마음도 천천히 형태를 갖춘다.
삐뚤어진 글씨, 가끔 번진 잉크 자국마저
그 순간의 솔직함을 남긴다.

편지를 쓰는 동안 나는 종이 위에서
너와 대화를 나누고 있는 듯하다.

손편지는 느리지만 그 느림 속에서
마음은 더 깊어지고, 더 단단해진다.
빨리 보낼 수 있는 메시지보다
손끝에서 전해지는 온기가 오래 남기 때문이다.

완성된 편지를 접어 봉투에 넣는 순간,
마치 작은 선물을 감싸는 것처럼 설렌다.
그리고 마음 한구석에서 안다.
이 편지가 너의 손끝에 닿을 때,
나는 이미 그 순간을 함께하고 있을 거라는 걸.

손편지는 그래서 오래 남는다.
말로는 흘려보낼 수도 있는 마음을,
다시 읽어도 변하지 않는 모양으로
붙잡아 두니까.

너를 담고 나를 쓰는 일,
그것이 내가 너에게 건네는
가장 오래가는 고백이다.

그리고
편지를 쓰는 이 시간은
결국 나를 더 솔직하게 만드는 시간이다.

누군가를 떠올리며 쓰지만,
쓰는 동안 가장 많이 마주하는 건
다름 아닌 나 자신의 마음이니까.

너에게 닿기를

'좋아해.'
짧지만 마음이 담기면,
이 한마디는 세상을 바꾼다.

가볍게 툭 내뱉는 말처럼 보여도,
그 속엔 수많은 망설임과 떨림이 숨어 있다.

말하지 않으면 모를까 봐,
말하면 멀어질까 봐.
그 사이에서 수없이 머뭇거리다
결국 마음이 입을 먼저 밀어낸다.

'사랑해.'
이보다 더 담백하게, 또 이보다 더 깊게
사람의 마음을 건네는 말이 있을까.
처음에는 서툴고 조심스러웠던 감정이
조금씩 자라나 결국 이 한마디로 피어난다.

고백은 용기다.

그 사람의 눈동자에 나를 비춰 보는 일,
그 눈 속에서 기대와 불안을
동시에 마주하는 일.
때로는 거절을 품고, 때로는 온기를 안는다.

하지만 그 어떤 결말이든
고백은 늘 아름답다.
누군가를 마음에 품었다는 것,
그 마음을 꺼내어 보여줬다는 것,
그것만으로도 우리는
조금 더 진심에 가까워진다.

마음은 표현되지 않으면 닿지 못하고,
표현되는 순간, 관계는 달라진다.
사랑은 말이든 글이든
누군가에게 닿기 위해선
용기 있게 꺼내야 한다.

'좋아해'

'사랑해'

표현하는 순간, 마음은 현실이 된다.

그리고 가끔은,
그렇게 꺼낸 마음을
고맙게 받아 주는 사람이 있다.
내 떨리는 진심을 웃으며 안아 주고,
서툰 말 속에서 온기를 읽어 주는 사람.

그런 사람이 있기에,
사랑을 말하는 일이 덜 두렵고, 더 따뜻하다.
세상에 고백할 수 있어 참 다행이다.

고요한 숨결

고백이 지나간 자리에는
말없이 머무는 고요가 찾아온다.
떨리던 마음은 한 걸음 물러나
살며시 숨을 고르고,
내 안 깊은 곳에서 조용히 울려 퍼진다.

수많은 말들이 빛이 되어
마음 구석구석 반짝이고,
그 빛들은 천천히 퍼져 나가
부서지는 햇살처럼 따스한 온기를 남긴다.

잠시 머문 이 고요 속에서
나는 내 마음의 결을 느끼고,
서툰 말들이 남긴 여운을 품는다.

그 여운은 바람결에 실려
낮게 속삭이며 내 귓가를 스치고,
새로운 계절을 불러온다.

아직 닿지 않은 바람들이
살며시 내 마음 한 켠에 머무르며
희망의 씨앗을 뿌린다.

그 씨앗들은 조용히 자라나
봄날의 꽃처럼 내 안에 피어나고,
나는 다시 한번,
부드럽고 따뜻한 봄을 맞을 준비를 한다.

이 고요 속에서,
내 마음은 또다시 깨어나
봄의 숨결을 담는다.

날씨요정

어느샌가 미지근한 내 하루에
살며시 스며든 그대.

그대는 무심하던 하늘을 걷어 내고
따스한 햇살로
내 마음을 부드럽게 비추었지.

소리 없이 다가와
내 세상을 물들인 봄처럼.

우리가 함께한 날들엔
맑음이 자주 머물렀고,
햇살은 유난히 눈부셔서
내가 웃는 날도 많았지.

그대 덕분에 작은 바람결에도
설레는 계절이 내 안에 피어나곤 했어.

하지만, 가끔은 알 수 없었어.

그대가 만든 구름 뒤에
어떤 표정이 숨어 있는지.

차가운 바람이 불던 날엔
가만히 움츠러들었고,
어디선가 쏟아지는 눈물 같은 비에
혼자 젖는 날도 있었지.

그럼에도 불구하고
나는 오늘도 그대를 기다려.

혹시나 다시 맑아질까,
혹시나 다시 따뜻해질까,
그대의 계절이 내게 다시 와 줄까
그 희망 하나로.

그대는 내 마음속 날씨요정.
맑음도, 흐림도, 바람도, 비도

모두 그대였기에-

나는 아직도 그 계절 속을 살아.

사랑의 모양

사랑은 정해진 틀이 없다.
어떤 이에게는 두 손을 꼭 잡은 원처럼,
끝과 시작이 이어져 끊어지지 않는 모양이 된다.

또 어떤 이에게는
서로를 향해 뻗어가는 직선이 된다.
평행선처럼 닿지 못할 수도 있지만,
그 곁을 함께 달려가며 존재 자체로 힘이 된다.

누군가에겐 사랑이 삼각형이다.
세 개의 꼭짓점처럼
설렘, 신뢰, 헌신이 균형을 이루어야
비로소 단단하게 서 있을 수 있다.
한쪽이라도 무너지면, 그 사랑은 쉽게 흔들린다.

때로는 사랑이 파도처럼 곡선을 그린다.
부드럽게 다가왔다가 물러나기도 하고,
때로는 거세게 몰아쳐 흔들리게도 하지만

결국은 마음을 적셔 주는 물결이 된다.

그리고 가장 익숙하면서도 상징적인 모양,
사랑은 하트 모양이기도 하다.
단순한 도형 같지만,
사람들이 사랑을 떠올릴 때
가장 먼저 그리는 형상.
설렘과 따뜻함, 그 모든 감정을 담아내는
보편적인 언어가 되어 준다.

사랑의 모양은 사람마다 다르고,
한 사람의 인생 안에서도 끊임없이 변한다.
어린 날의 사랑은 동그라미처럼 단순했지만,
시간이 흘러서는 더 복잡하고
깊은 도형으로 바뀌기도 한다.

그러나 어떤 모양이든,
사랑이 머무는 곳은 결국 마음이다.
그 마음 위에서 사랑은

늘 새로운 모습으로 빛나고,
또다시 그려진다.

사랑이 머문 자리

첫사랑은 언제나
서툴고 떨리는 마음으로 다가왔다.
손끝 하나, 시선 하나에도 세상이 흔들렸고,
작은 오해에도 쉽게 무너지고
또 작은 배려 하나에도 눈물이 날 만큼 벅찼다.

그 사랑은 늘 어설펐지만,
그래서 더 진심이었고,
내 마음의 가장 순수한 빛으로 남아 있다.

시간이 흘러도 잊히지 않는 건,
그 순간 내가 가장 솔직한 내가
되었기 때문일 것이다.

마지막 사랑은 조금 다르다.
수많은 계절을 지나며 배운 기다림과 이해,
그리고 함께 나누는 일상의 무게 속에서
더 단단해진다.

첫사랑이 가슴을 두근거리게 했다면,
마지막 사랑은 마음을 고요하게 만든다.
불꽃처럼 타올라 사라지는 것이 아니라,
노을처럼 천천히 물들어
평생을 함께하는 색이 된다.

첫사랑은 내 젊음의 초상이라면,
마지막 사랑은 내 인생의 쉼표다.
끝내 안착할 마음의 자리,
마지막으로 기댈 품이 되어 주는 것.

그래서 사람들은 말한다.
첫사랑은 잊히지 않고,
마지막 사랑은 놓을 수 없다고.

그리고 그 두 사랑이 남겨둔 흔적들,
그리움과 안도, 설렘과 평온이
모두 내 마음속 어딘가에 자리한다.

사랑은 떠나가도,
그 자리는 비어 있지 않다.
그곳엔 여전히 따뜻한 온기가 남아,
오늘의 나를 살아가게 한다.

그렇게, 사랑은 머문 자리에서
끝내 사라지지 않는다.

Part 3.

흘러가는 구름 사이로

쉼표가 되어 머무는 여백의 시간

아무것도 안 하는 날

아침에 눈을 떴지만 일어나지 않았다.
누워 있는 게 더 좋아서,
아니, 그냥 딱히
일어나야 할 이유가 떠오르지 않아서.

창밖으로 햇살이 비쳐 오고
어제보다 미세먼지가 덜하다는
뉴스 알림도 뜨지만
오늘은 어디 나갈 생각이 없다.
산책도, 약속도, 커피 한 잔도
귀찮게 느껴지는 날.

할 일은 물론 있다.
해야 할 일도 많고, 미뤄둔 일도 있고,
누군가는 "지금 안 하면 후회할 거야"라고 말하겠지.

하지만 그런 소리도 오늘은 멀게만 느껴진다.
오늘은, 그냥 아무것도 하지 않기로 했다.

이불 밖은 위험하지 않지만,
지금은 그럴싸한 이유 없이 이불 안이 더 좋아.
TV도 안 켜고, 책도 안 펴고,
그냥 누워서 천장을 본다.

문득 떠오르는 생각들,
어제와 다를 것 없는 고민들,
지나간 일들과 아직 오지 않은 일들이
스쳐 지나가지만 잡지 않는다.
그냥 흐르게 둔다.

"아무것도 안 하면 아무 일도 일어나지 않는다."
맞는 말일지도 모른다.
하지만 아무 일도 일어나지 않아서
오히려 좋을 때도 있다.

세상은 늘 바쁘게 돌아가고
모두가 어딘가로 향하고 있지만,
나는 오늘, 멈추어 있는 쪽을 선택한다.

아무것도 하지 않음으로써
나는 나를 쉬게 한다.
억지로 의미를 찾지 않아도 되는 하루,
그저 존재하는 것만으로도 괜찮은 하루.

그런 날이 있다.
그리고 그런 날도 꼭 필요하다.

나는 아무 생각이 없다

나는 오늘도 아무 생각이 없다.
머릿속은 비어 있는 듯하지만,
그 빈 공간엔 오히려 수많은 숨결과
흐름이 스며든다.

의식은 목적 없이 흘러가고,
생각들은 구름처럼 느리게 움직인다.
나는 그 흐름에 몸을 맡기고,
어디로 가는지 모르는 마음의 여정을
조용히 따라간다.

어떤 걱정도, 계획도 없이,
그저 지금 여기, 나라는 존재만으로 충분하다.

무심코 스치는 바람,
따스한 햇살, 멀리서 들려오는 소리들이
내 안에 잔잔히 파문을 일으킨다.

나는 아무 생각이 없지만,

그 안에서 나를 만나고,
숨 쉬고, 살아 있음을 느낀다.

복잡한 마음을 잠시 내려놓고
의식의 흐름에 몸을 맡기는 그 순간,
나는 가장 자유롭고 평화롭다.

내면의 고요함 속에서
나는 나 자신과 따뜻한 대화를 나눈다.

아무 생각 없음을 통해
내 마음은 더욱 깊어지고,
내 삶은 더욱 선명해진다.

멍 때리기

아무것도 하지 않는 시간,
그저 멍하니 하늘을 바라보거나
눈을 감고 천천히 숨을 쉬는 그 순간.

머릿속은 온갖 생각과 걱정으로 가득했지만
멍 때리기를 시작하면
그 모든 것이 차츰 흐려지고 사라진다.

나는 내 마음을 비우고,
세상의 소음과 속도를 멀리하며,
내 안에 작은 고요함을 만든다.

그 고요 속에서,
나는 숨 쉬는 것만으로도
충분한 존재임을 느끼고,
내면의 조용한 속삭임에 귀 기울인다.

멍 때리기는
마음의 잔잔한 호수 위에 떨어지는

작은 물방울 같아,
내 영혼 깊은 곳까지 스며든다.

그 순간, 나는 나를 다시 만나고,
지친 마음을 부드럽게 어루만진다.

바쁜 하루 속에서
멍 때리기는 나만의 쉼표,
그리고 소중한 위로가 된다.

마음 한 잔

잔을 부딪치지 않아도
우리는 서로의 마음을 가득 채운다.

바쁘고 분주한 하루 속에서
무거운 마음을 살며시 내려놓고
조용히 서로의 이야기에 귀 기울이는 시간.

말하지 않아도 느껴지는 그 온기,
짧은 한마디, 잠시 머무르는 침묵 속에서
지친 마음이 천천히 녹아내린다.

술기운에 기대지 않아도 괜찮다.
우리에게 필요한 건
서로의 진심과 작은 쉼표.

깊게 들이쉬는 공기처럼
가만히 마음속에 스며드는 위로,

서로가 건네는 따뜻한 온기 하나하나가

하루의 무게를 내려놓게 하고,
혼자라는 생각마저 잊게 만든다.

그 시간이 곧 우리의 휴식이다.
소란한 세상 속에서 잠시 멈춰,
서로의 마음을 채우는 고요한 한 잔.

그리고 다시,
가볍게 어깨를 펴고
서로의 발걸음을 응원하며
천천히 걸음을 내딛는다.

우리의 마음 한잔은
가장 진한 위로이자,
가장 포근한 쉼이 된다.

커피 한 잔의 여유

거리의 소음과 사람들의 발걸음이 분주하게
뒤섞인 하루의 한복판에서,
나는 작은 문을 밀고
조용한 카페 안으로 들어섰다.

따뜻한 조명 아래, 나무 향이 살짝 섞인
커피 향이 코끝을 간질이고,
잔잔히 흐르는 재즈 음악이
마음을 부드럽게 감싼다.

바쁘게 돌아가던 생각들이 하나둘씩 멈춰 서고,
나는 그저 이 순간에 집중한다.

따뜻한 잔을 손끝으로 감싸 쥐고,
커피의 온기가 손끝에서 팔로 스며들어
온몸을 천천히 채운다.

첫 모금이 입 안에 퍼질 때,
쌉쌀하면서도 부드러운 그 맛은 마치

지나간 하루의 긴장과 피로를
조용히 풀어 주는 듯하다.

바깥세상은 여전히 바쁘게 돌아가지만,
내 안은 이 작은 공간에서 온전히 쉬고 있다.

창밖으로 비치는 햇살이 유리창에 반짝이고,
사람들의 소소한 대화와 웃음소리가 멀리서
흐르는 음악과 어우러져
마음 한 켠에 따뜻한 울림을 남긴다.

나는 잠시 모든 것을 내려놓고,
커피 향에 실려 온 그 여유를 음미한다.

이 한 잔의 커피가,
짧지만 깊은 쉼이 되어
내 안의 숨 가쁨을 잠재우고,
다시금 앞으로 나아갈 힘을 불어넣는다.

어쩌면 삶이란,

바로 이런 순간들의 연속인지도 모른다.

바쁜 하루 속에서 발견한 작고 소중한 평화,

그 속에서 나는 다시금 숨을 고른다.

취미가 주는 힐링

바쁜 일상 속, 힐링을 위해
나는 나만의 작은 취미를 꺼내 든다.

손끝에 닿는 재료의 질감,
반짝이는 색감, 또는 음악의 잔잔한 선율,
그 모든 감각들이 내 마음을 어루만진다.

취미는 나에게
복잡한 생각과 무거운 감정을 내려놓게 해 주고,
오롯이 나 자신에게 집중할 수 있는
순간을 선사한다.

그 작은 세계 안에서 나는
일상의 소음을 잠시 멀리하고,
마음 깊은 곳에서부터 올라오는 기쁨을 느낀다.

완벽하지 않아도,
결과물이 아름답지 않아도 괜찮다.

그저 좋아하는 일을 하며
내가 살아 있음을 느끼고,
내면의 작은 별들이 하나둘 반짝이기 시작한다.

취미는 나만의 비밀 정원 같아서,
누구도 침범할 수 없는 공간 속에서
나를 다시 만나게 해 준다.

그 속에서 나는
새로운 영감과 꿈을 발견하고,
마음속 작은 상처들도 살며시 치유한다.

취미가 주는 행복은
거창하지 않아도, 화려하지 않아도,
소소한 순간들 속에서 살며시 번져간다.

그래서 나는 오늘도
작은 손길과 마음으로

내 삶을 부드럽게 물들이며,
그 따뜻한 빛을 따라 걸어간다.

산책길

조용히 발걸음을 옮기는 이 길 위에서,
나는 나만의 숨결과 마주한다.

혼자 걷는 산책길은
때로는 적막하고 고요하지만,
그 고요 속에서 내 마음은
더 깊고 넓게 숨을 쉰다.

흘러가는 구름 사이로
살짝 스며드는 햇살은
내 어깨 위에 따스한 위로를 내려 주고,

나뭇잎 사이로 스며드는 바람은
내 안에 묻어 둔 작은 이야기들을
조심스레 깨우는 듯하다.

가끔은
너와 함께 걸었던 그 길이
내 안에서 조용히 빛나고,

서로 나눴던 말들,
웃음, 그리고 말없이 건넸던 눈빛이
바람결에 실려 스며든다.

그 기억들은 무겁지 않고
부드럽고 따스해서,
혼자 걷는 이 길 위에
조용히 내려앉아
내 마음을 가만히 어루만진다.

걸음을 멈추고 잠시 눈을 감으면
지난 시간 속 너와 내가 쌓아 올린
작은 조각들이 책장처럼 펼쳐지고,
그 안에서 나는 다시 너를 만나
말없이 마음을 나눈다.

혼자 걷는 산책길은 누구도 대신할 수 없는
나만의 이야기와 그리움이 어우러진
가장 특별한 공간이다.

때론 외롭고, 때론 쓸쓸하지만
그 모든 감정은 내가 살아 있음을,
그리고 작게라도 너와 나의 추억이
여전히 내 안에 살아 숨 쉬고 있음을
부드럽게 일깨워 준다.

혼자 걷는 산책길,
그 길 끝에서 나는 나만의 작은 빛과
너와 나의 조용하고 따뜻한 기억들을
깊이 품는다.

길냥이의 하루

아침 햇살이 조용히 세상을 깨우는 시간,
길냥이는 아직 느릿느릿한 세상 속에서
눈을 천천히 떴다.
부드러운 빛이 그의 털을 감싸 안고,
따뜻한 온기가 몸 구석구석 스며든다.

아직 아무도 바쁘게 움직이지 않는 골목길,
그는 느긋한 발걸음으로 조용히 걸어 나선다.
낡은 벽돌과 풀잎 사이로 부는 바람은
마치 오래된 친구처럼 그를 반긴다.

가끔은 멈춰서, 하늘을 올려다본다.
구름은 천천히 흘러가고,
새들은 아침 인사를 건넨다.

길냥이의 하루는 분주하지 않다.
오히려 세상과 조금씩 어우러지는
순간들의 모음이다.

햇살이 따사롭게 내리쬐는 담벼락 위에서
눈을 감고,
살며시 불어오는 바람에 마음을 맡긴다.

이 순간, 세상의 소음은 멀어지고
오직 고요한 평화만이 남는다.

때로는 작은 연못가를 찾아가
자신을 비추는 물결을 바라본다.
거울 같은 물 위에 떠 있는 나뭇잎 하나,
그 속에서 자신의 모습과
하루의 이야기를 만난다.

조용한 사색의 시간,
그 어떤 말도 필요 없는 깊은 교감이자 쉼이다.

가끔은 위험한 환경에 노출되기도 한다.
익숙하지 않은 자동차 소리,
예기치 않은 사람들의 발걸음,

그리고 때로는 마음을 아프게 하는
외로움과 싸워야 한다.

하지만 그 모든 위협 속에서도
길냥이는 꿋꿋이 자신의 하루를 이어간다.
그 누구도 대신할 수 없는 이 삶 속에서
자신만의 속도로, 자신만의 방식으로.

그리고 어느 따뜻한 순간,
사람 한 명이 조심스레 다가와
그의 머리를 살며시 쓰다듬어 준다.
부드러운 손길에, 길냥이의 몸은
작게 반응하며 마음의 문을 연다.

그 짧은 '냥택' 속에는
서로에 대한 신뢰와 위로가 담겨 있다.
작은 교감이지만,
그것은 하루 중 가장 큰 쉼이자 선물이다.

해가 저물어 가면, 길냥이는
노을빛에 물든 골목으로 돌아온다.
붉고 부드러운 빛이 온 거리를 감싸고,
하루의 피곤함을 조용히 녹여 준다.

그는 작은 벤치 아래,
조용한 어둠 속에 몸을 맡기며
하루 동안 스며든 모든 감각들을
천천히 풀어낸다.

길냥이의 하루는 특별하지 않아도 아름답다.
그 안에는 쫓기지 않는 자유가 있고,
스스로를 온전히 느끼는 여유가 있다.

작고 소중한 순간들이 모여
하루가 되고, 삶이 된다.

그리고 그 삶은
어느 누구의 눈에도 보이지 않는
가장 순수한 평화로 가득하다.

바람 따라, 마음 따라

바람이 부는 날이면,
나는 잠시 발걸음을 늦춘다.
바람이 어디에서 와서
어디로 가는지 알 수 없지만,
그 흐름 속에서 묘하게 안도감을 느낀다.

때로는 부드러운 손길처럼
내 뺨을 스치고,
때로는 장난꾸러기처럼
머리칼을 마구 헝클어 놓는다.
하지만 바람은 언제나 멈추지 않고 흘러간다.

마음도 그렇다.
계획한 길을 곧게 걷다가도
문득 다른 방향으로 불어오는 기분에
걸음을 틀 때가 있다.
그 변화가 두렵기도 하지만,
그 순간에만 보이는 풍경이 분명히 존재한다.

바람이 이끄는 길 위에서,
나는 나를 조금씩 내려놓는다.
지나간 일에 발목 잡히지 않고,
아직 오지 않은 미래를
억지로 붙잡으려 하지 않는다.

그저 지금,
이 순간의 결에 몸을 실어 본다.

혹시 길이 돌아간다 해도,
그 또한 나의 여정이다.
바람이 나를 데려가는 곳에서
나는 내 마음이 어디를 향하고 있는지
조용히 알게 된다.

바람 따라, 마음 따라
그 길 위에서 나는
조금씩 자유로워지고,
조금씩 나답게 물들어 간다.

저녁노을

해가 지는 시간,
하늘은 황금빛과 주홍빛으로 물들며
하루의 끝자락을 은은하게 장식한다.

바쁘게 흘러갔던 시간들이
노을의 부드러운 빛에 감싸여
천천히 숨을 고르고,
마음 한 켠에 고요함을 내려놓는다.

노을은 말없이
오늘의 이야기를 속삭이고,
지친 마음을 어루만지며
잠시 멈춰 서게 만든다.

그 빛은 따뜻한 포옹처럼
내 안 깊은 곳까지 스며들어
긴 하루의 무게를 덜어 내고,
잔잔한 위로를 전해 준다.

저녁노을 아래 서면
모든 근심과 걱정이 조용히 사라지고,

그저 오늘을 묵묵히 살아낸 나에게
감사의 마음을 전하는 듯하다.

노을빛에 물든 하늘처럼,
내 마음도 오늘 하루의 기억을 담아
조용히 물들어 간다.

그리고 그 노을 속에서
내일을 향한 작은 희망과
새로운 시작의 숨결을 느낀다.

여름밤

햇살의 기세가 한풀 꺾이고,
열기마저 숨을 고르는 저녁.
그제야 바람이 살며시 불어와
하루 종일 달아올랐던 마음을 식혀 준다.

어둠은 서두르지 않는다.
천천히, 아주 천천히
하늘에 푸른 먹을 풀듯 스며들고
그 위에 별 하나, 달빛 하나씩 얹혀 간다.

창문 너머 들려오는 매미 소리와
멀리서 흐느적거리는 음악,
베란다 난간에 기대어 마시는
미지근한 물 한 잔조차
여름밤엔 묘하게 특별해진다.

마음도 그만큼 느슨해져
평소라면 흘려보냈을 기억들이
불쑥, 조용히 고개를 든다.

잊은 줄 알았던 사람, 지나간 여름,
말하지 못했던 감정까지 조심스레 다가온다.

여름밤은 그렇게,
모든 걸 잠시 멈추게 하고
조용히 돌아보게 만든다.

화려하지 않지만
그 무엇보다 생생하게, 선명하게
나를 나로 머물게 해 준다.

어쩌면 여름밤은
계절이 건네는 가장 부드러운
속삭임일지도 모른다.

"오늘도 잘 버텼다고,
조금 쉬어도 괜찮다고."

잠들기 전의 행복

모든 불빛이 하나둘 꺼지고,
세상이 조용히 눈을 감는 시간.
그제야 내 마음도 조용히 숨을 고른다.

바쁜 하루를 조용히 정리하고
무거운 생각들을 천천히 내려놓는다.

이불 속의 온기,
내 숨결에 맞춰 흐르는 느린 리듬.
그 속에서 나는 비로소 나를 안는다.

오늘 있었던 작은 웃음 하나,
지나간 사소한 대화들,
누군가의 다정한 눈빛이
조용히 떠올라 마음을 데운다.

아무것도 하지 않아도 충분히 괜찮은 시간.
세상의 소음도, 나를 재촉하던 모든 것도
이 순간만큼은 멀어져 간다.

눈꺼풀이 천천히 무거워지고
마음은 깊은 호수처럼 잔잔해진다.
그 잔잔함 속에 스며드는 건
어쩌면 오늘을 잘 살아낸 나에게 주는
작은 선물 같은 평온함.

그렇게 나는 고요함 속에서
조금씩 행복해진다.

그리고,
고요한 숨결 위로
다정한 꿈 하나가 조용히 내려앉는다.

Part 4.

바람에 실려 온 기억

지난날의 조각들이 돌아온 순간

스쳐 간 인연

우리는 살아가면서 수많은 사람들을 만난다.
모퉁이를 돌다 마주친 눈빛 하나부터,
한 계절 함께 걷다 사라진 그림자까지.

그중 어떤 인연은
손에 쥐기도 전에 스쳐 가고,
어떤 인연은
쥐고 있던 손을 조용히 놓고 떠난다.

그땐 몰랐지.
그 짧은 순간이 오래도록 마음에 남을 줄은.
그 말 한마디가 자꾸만 생각날 줄은.

하지만 인연은,
오래 머물렀다고 깊은 게 아니야.
잠시 스쳐 갔어도,
마음에 남는다면 그건
분명 무언가를 주고 간 사람이지.

가끔 문득 떠오르는 얼굴,
그건 잊힌 게 아니라
내 안 어딘가에 자리 잡은 거야.
마음속 작은 서랍에, 조용히.

이제는 말할 수 있을 것 같아.
고마웠어, 그날의 따뜻함.
그 계절의 온기.
지나갔지만, 내게 와 줘서 참 다행이야.

마니또

누군가의 하루를 몰래 밝혀 주는 일.
그게 바로 마니또가 가진 가장 반짝이는 힘이다.

익명이라는 가면 뒤에 숨어,
나는 너의 기분을 살피고
작은 간식 하나에 마음을 담아 놓는다.

편지 한 장, 포스트잇 한 줄,
익살맞은 그림 하나에도
사소한 배려가 가득 들어 있다.

내가 누구인지 들킬까 조마조마하면서도
그 비밀스러움이 마니또라는 이름을
더 특별하게 만든다.

마니또는 결국,
내가 좋아하는 누군가를 향한
따뜻한 마음의 연습이다.

뭐라 설명할 수 없지만,
누군가를 신경 쓰고, 몰래 응원하고,
기대하게 만드는 그 조용한 친절은
내 마음을 한 뼘 더 자라게 한다.

나를 아껴 주는 누군가가 있다는 믿음,
그리고 누군가를 아껴 줄 수 있다는 자신감.
그 두 가지가 이 작고 소중한 놀이를
특별한 추억으로 바꾼다.

끝내 마니또가 누구인지 밝혀지는 순간,
놀람과 웃음, 고마움이 뒤섞여
모두의 마음에 한 줄기 햇살처럼 퍼진다.

"알고 보니 너였구나."
그 말 한마디에 담긴 수많은 감정들.
그 안에는 '고마워'도 있고,
'알아줘서 기뻐'도 있고,

무엇보다 '널 위해 마음 썼어'라는
조용한 고백이 있다.

기억을 걷는 시간

가끔은 발걸음을 멈추고
내 안에 쌓여 있는 기억들을 천천히 걷는다.

길모퉁이마다 숨겨진 소소한 순간들,
지나간 사람들의 미소,
그리고 흘러간 시간들이
조용히 내 마음에 스며든다.

기억은 마치 오래된 사진첩 같아서
한 장 한 장 넘길 때마다
다른 냄새가 나고,
다른 빛깔로 빛난다.

그때의 웃음소리,
눈물, 그리고 따뜻했던 온기까지
모두 살아 숨 쉬는 듯 선명하게 다가온다.

걷는 동안,
나는 그 기억들 속에서 나를 만난다.

때로는 어리석고 부족했지만
그래도 그 모든 순간이
나를 만들어 낸 소중한 조각임을 깨닫는다.

기억을 걷는 시간은
과거와 현재가 부드럽게 이어지는 다리 같다.
그 다리를 건너며 나는
지금 여기, 이 순간에 더욱 깊이 서게 된다.

그리고 다시 걸음을 떼며
새로운 기억을 만들어 갈 용기를 얻는다.

그리하여,
기억은 멈춰 있는 것이 아니라
내 마음속에서
끊임없이 살아 움직이는 시간임을.

시간 여행자

나는 시간을 넘나드는 여행자다.
과거의 그림자 속을 걷고,
미래의 빛을 조심스레 마주한다.

기억이라는 작은 창문을 열 때마다
어린 시절의 웃음소리와
가슴 벅찬 첫 만남이 파노라마처럼 펼쳐지고,
한때 잊고 지냈던 감정들이 다시 살아난다.

미래를 상상할 때면
아직 오지 않은 길 위에
수많은 가능성과 희망이 꽃을 피우고,
나는 그 위를 조심스럽게 걸어간다.

시간 여행자는 멈추지 않는다.
어제와 내일 사이의 흐름 속에서
끊임없이 나를 찾아가고,
잃어버린 조각들을 맞춰간다.

그 여정은 때론 외롭고,
때론 설렘으로 가득 차 있다.

과거의 상처는
추억이라는 이름으로 다독여지고,
미래의 불확실성은
희망이라는 빛으로 빛난다.

시간 여행자는
어느 한 순간에 머무르지 않는다.
그는 과거와 미래 사이를 오가며,
지금 이 순간의 의미를 새롭게 발견한다.

그리움과 기대,
기억과 상상이 어우러진 여정 속에서,
나는 나를 더 깊이 이해하고,
오늘이라는 선물을 더욱 소중히 여긴다.

시간 여행자는 결국,

시간 속에 갇힌 것이 아니라
시간을 품은 사람임을 깨닫는다.

그리고 나는 오늘도 길 위를 걷는다.
과거와 미래 사이,
나라는 시간의 중심에서.

바람이 데려온 그날

바람이 불어올 때마다
낯익은 온도와 향기가 스며든다.

햇살에 반짝이던 나뭇잎,
길가에 피어 있던 작은 꽃,
그 옆을 함께 걸었던 발자국 소리까지-
모두 지난 계절의 품 안에 있던 것들이다.

그때는 몰랐다.
같은 하늘을 올려다보고,
같은 공기를 들이마시고,
같은 방향으로 걷는 시간이
얼마나 큰 선물이었는지.

마치 매일이 계속될 줄 알았던 그 순간은
아무 예고 없이 계절과 함께 멀어졌다.

지나간 계절은 다시 돌아오지만
그 계절 속의 사람과 마음은

그때의 모습 그대로는 돌아오지 않는다.

그래서일까,
바람이 불어 기억을 데려올 때면
나는 잠시 발걸음을 멈추고
그날의 온도와 빛을 조심스레 만져본다.

기억은 오래된 편지처럼
가끔 꺼내 읽을수록 색이 바래지만,
그 위에 남아 있는 손글씨 같은 온기는
끝내 사라지지 않는다.

그 온기가 있기에,
그날은 내 안에서 여전히 숨 쉬고 있다.

언젠가 오늘의 이 순간도
바람을 타고 나에게 돌아올 것이다.

나는 어떤 표정으로

그날을 마주하게 될까.

그래서 나는 지금의 공기를
천천히, 깊게 들이마신다.
다시 불어올 바람이
이 순간을 잊지 않도록.

그 시절, 내가 좋아했던

그 시절의 나는
마음이란 게 뭔지도 잘 몰랐고,
사랑이라는 단어가
무게를 가진다는 것도 알지 못했다.

아무 이유 없이 그냥 좋았고
옆에 있고 싶어서
괜히 이유를 만들어 하루를 채우곤 했다.

손잡고 거리를 걸을 때도,
그늘 아래 나란히 앉아 쉬어갈 때도,
깊은 밤을 함께 지새울 때도,
그 사람과 곁에 있다는 사실 하나만으로
내 하루는 특별해졌다.

돌아보면, 어린 마음이었을지도 모른다.
그 마음을 어떻게 지켜야 하는지,
어떻게 표현해야 하는지조차 몰라
자꾸만 어설펐던 시절.

하지만 분명한 건,
그때의 나는 진심이었다는 것.
그저 함께 있고 싶다는 마음 하나로
가득했던 시절이었다는 것.

그랬던 마음이
한순간에 상처로 물들기도 했다.

그 시절의 나와 그들은
시간의 손에 이끌려
내 마음 속에서도 조금씩 멀어져 갔지만,
그때의 마음은 여전히 내 안에서
희미한 빛으로 반짝이고 있다.

함께 한 모든 순간이 기억되기를 바라며.

그때의 우리

그때 우리는 참 어렸고,
모든 게 낯설고 서툴렀다.
어리숙한 말과 행동들이 가득했고,
때로는 부딪히고 상처도 주고받았다.

부족함이 가득한 우리였지만,
그 부족함마저도 서로를 알아 가는 과정이었고,
서로의 마음에 조금씩 길을 내는 시간이었다.

떨리는 첫걸음처럼,
조심스럽고 불안했지만
그 안에는 순수한 진심이 숨 쉬고 있었다.

때로는 무겁게 느껴진 시간들도 있었지만,
그 모든 순간들이 쌓여
지금의 우리를 만들어 냈다.

돌아보면,
그 어설픔과 부족함이

가장 따뜻한 기억으로 남아
마음 한 켠을 부드럽게 감싼다.

그때의 우리는 완벽하지 않았지만,
그 불완전함 속에서
가장 진솔하고 솔직한 우리가 있었다.

그래서 나는 오늘도
그 시절의 조각들을 꺼내어
잔잔한 미소를 띠운다.

그 부족했던 순간들이 있었기에
지금의 내가 더 단단해질 수 있었고,
그때의 우리가 있었기에
서로의 손을 놓지 않을 수 있었다.

아팠지만 이 또한
소중한 추억으로 남은 한 장면이다.

우정 여행

친구와 함께 떠나는 여행은
목적지보다 길 위에서 나누는
웃음과 대화가 더 소중하다.

익숙한 일상에서 벗어나
낯선 풍경 속에 발을 내디딜 때,
옆에 친구가 있다는 사실만으로도
마음이 든든하다.

아침엔 설레는 마음으로 하루를 시작하고,
낯선 도시의 작은 골목을 함께 걸으며
"여기 예쁘다"는 말만으로도
추억은 사진 속에 차곡차곡 쌓인다.

하지만 시간이 흘러도 남는 건
사진보다 마음속에 새겨진 장면들이다.

맛집을 찾다 길을 헤매어도,
피곤에 지쳐 아무 말 없이 걷던 발걸음조차,

옆에 그 사람이 있었기에 위로가 되고,
그 침묵마저 편안했던 기억으로 남는다.

우정 여행은 결국
'우리'라는 이름으로 적힌 이야기다.
내가 아닌 '함께'라는 주어로 기록되는 순간들.

다시 일상으로 돌아와도,
그때의 웃음과 따뜻함이
오래도록 우리를 지탱해 준다.

우리의 에피소드

우리는 각자의 시간과 공간에서
서로 다른 이야기를 안고 살아왔다.
그러다 우연히 마주친 순간들이
서로의 삶에 살며시 스며들었다.

작고 소소한 조각들이 모여
우리만의 특별한 이야기를 만들었다.
말하지 않아도 통하는 마음들,
서로의 온기를 느끼는 따스한 순간들.

그 에피소드들은
때로는 빛나는 웃음으로,
때로는 조용한 위로로
우리 마음 깊은 곳을 채웠다.

서로 다른 길을 걸어왔지만
그 길 위에서 마주한
서로의 이야기가 닿는 지점에서
우리는 조금 더 닮아갔고,

서로의 세상에 조금씩 스며들었다.

그 모든 기억들이 쌓여
하나의 큰 이야기로 자라났고,
우리의 삶에 깊은 자취를 남겼다.

우리의 에피소드는
끝나지 않는 시간 속에서
서로를 비추는 작은 등불처럼,
함께 살아낸 순간들이
영원히 꺼지지 않을 이야기로 남는다.

찰나가 영원이 될 때

시간은 쉬지 않고 흘러간다.
우리가 함께 웃고, 울고, 말했던 모든 순간들은
바람처럼 어느새 저 멀리 사라져 버린다.

그 속에서 기억은 점점 희미해지고,
마음 한 켠에 남은 감정들도 조금씩 흐려진다.

하지만 사진은 다르다.
찰나의 빛과 순간을 영원으로 붙잡아
흐릿해진 기억 위에 또렷한 빛을 비춘다.

사진 속 미소는 말없이
그날의 기쁨과 사랑, 설렘을 담아내고,
빛바랜 색감은 지나간 계절의 숨결을 불러 온다.

때로는 잊고 싶던 아픔도,
소중한 이와의 헤어짐도
사진 한 장 속에 고스란히 새겨져
가슴 깊은 곳을 조용히 두드린다.

우리는 그렇게 찍는다.
지나가는 시간을 붙잡고,
사라질 것을 기록하며,
내가 살아온 흔적을 남기기 위해.

남는 건 사진뿐이라 하지만,
그 사진 안에는
시간의 깊이와 기억의 무게,
그리고 마음의 온기가 살아 숨 쉰다.

사진은 단순한 기록이 아니다.
그것은 우리가 사랑했고, 꿈꾸었고,
아파하고, 성장했던 이야기의 조각이며,

다시 꺼내 보는 순간마다
나를, 우리를 다시 살게 하는
가장 따뜻한 선물이다.

오래된 편지

서랍 속, 손길이 닿지 않던 깊은 곳에서
한 장의 봉투가 조용히 나를 부른다.
손끝에 닿는 종이는 세월의 결을 품고,
그 위에 얹힌 이름은
여전히 그날의 온도를 간직하고 있다.

손글씨는 묘한 힘이 있다.
획 사이사이에 그 사람의 숨결이 배어 있고,
삐뚤어진 글자마저도
마음을 더 진하게 전해 준다.
잉크가 번진 자리는
아마 웃음이거나 눈물이었을 것이다.

편지를 읽는 동안,
나는 그때의 나와 마주 앉아
그때의 너를 바라본다.

창밖의 계절은 변했지만
종이 속 시간은 단 한 번도 흐르지 않았다.

그곳에서 우리는 여전히
서툴지만 진심이었던 목소리로 대화를 나눈다.

손편지는 참 느리다.
마음을 적는 데도 시간이 필요하고,
적신 마음을 건네는 데도 시간이 필요하다.
그 느림 속에서 마음은 더 깊어지고,
마음이 글자로 새겨진 순간
종이에 완전히 스며든다.

그래서인지, 오랜 시간이 지나도
그 온기는 사라지지 않는다.

나는 편지를 다 읽고 나서도
한동안 그대로 앉아 있었다.
마치 그날의 공기와 표정, 목소리가
방 안 가득 번져 있는 듯해서
쉽게 자리에서 일어날 수 없었다.

그리고 조심스레
편지를 다시 봉투에 넣어
서랍 속 제자리로 돌려놓았다.

언젠가 또 꺼내 읽게 될 날까지,
그 안의 마음이 더 깊게 익어 가기를 바라면서.

너는 나의 별이야

우리의 첫 만남
그리고 어느새 바뀌어 버린 보금자리.

어리둥절하며 낯설어하던 너의 모습에
나도 덩달아 조심스레 숨을 고르며
용기를 내어 천천히 다가갔어.

작은 울음소리 끝에 스며든 떨림 속에서
너는 조금씩 눈을 마주해 주었고,
그 순간 나는
네 마음 문이 열리는 소리를 들었어.

말은 통하지 않아도
서로의 마음은 충분히 들을 수 있었어.
그래서 우리는 그날부터
서로의 하루가 되어 주기 시작했지.

하루가 끝나고 돌아왔을 때
문 앞에서 나를 기다리던 너.

누워 있으면 슬며시 다가와
내 팔을 베고 잠들던 너.
아침이면 작은 골골거림으로
나를 깨우던 너.

그리고
내 향이 스며든 공간에 기대어
마치 그곳이 너의 안식처인 듯,
작은 숨결 하나에도 나를 닮아가던 너였다.

그렇게 내 하루는
너로 시작해, 너로 저물어 갔다.
너와 함께한 날들은 가장 따뜻한 계절처럼
내 마음 깊숙이 오래 남았다.

넌 내 하루였고, 내 웃음이었고,
무너지는 순간마다 날 버티게 해 준
작은 기적이었어.

시간이 흘러 너는 떠났고,
그 자리는 아직 비어 있지만
이상하게도 널 떠올릴 때마다
슬픔보다 먼저 따뜻함이 밀려와.

네가 남긴 건 상실이 아니라
사랑이라는 이름의 기억이니까.

이제는 하늘에서 나를 지켜보고 있겠지.
창밖에 불어오는 바람이
조금 더 다정하게 느껴지는 이유,
어쩌면 그 바람 사이에
네가 있는지도 모르겠다.

함께해 줘서 고마웠어.
너는 나의 가장 빛나는 별이야.
밤에도 낮에도, 언제나 빛나는.

Part 5.

빗방울이 흘러간 자리

조용히 젖어 든 마음, 그 안에 머문 흔적들

그 자리에, 그 시간에

늘 그 자리에 있던 너의 목소리,
웃음소리, 그리고 따뜻한 숨결이
어느새 고요히 사라져 버렸다.

함께 나누었던 수많은 말들과
포근했던 손끝의 온기,
서로의 눈빛 속에 담긴 무수한 이야기들이
지금은 아득한 기억 속으로 멀어져 간다.

익숙함 속에 스며든 너의 흔적들이
눈을 감을 때마다 떠오르지만,
손을 뻗어도 닿지 않는 너의 부재가
내 가슴 깊이 허전함으로 내려앉는다.

함께했던 시간들은
빛나는 별처럼 찬란했고,
그 모든 순간들이
내 삶에 깊은 온기를 남겼다.

하지만 지금 이 순간,
그 자리에 남겨진 텅 빈 공간은
말로 다 할 수 없는 쓸쓸함과 아픔으로 가득 차
조용히 내 마음을 흔들어 놓는다.

너는 떠났지만,
내 마음속에선 여전히
네가 숨 쉬고 있는 듯하다.

나는 그 자리에 머물며
너와 함께한 시간을 떠올리고,
너와 나누던 작은 순간들을
천천히 꺼내 본다.

그 허전함이란,
사랑했던 것의 깊이가 남긴 자국이기에,
그 자리를 비워둔 채로도
나는 너를 느끼고, 너를 기억하며,
너를 사랑한다.

그 자리에, 그 시간에
남은 건 허전함이지만,

그 허전함 속에서
나는 너를 더욱 깊이 품는다.

그리고 언젠가 다시 만날 그날까지,
너는 내 마음 안에서 영원히 머물 것이다.

길 위의 망부석

어느 골목, 어느 길가,
조용히 숨죽이며 살아가는 작은 생명들이 있다.
사람들의 발걸음 속에서 잊혀진,
하지만 결코 혼자가 아닌 아이들.

누군가에겐 '한때의 귀여움'이었을지도 모른다.
작고 예쁜 외모에 이끌려,
한순간의 설렘으로 안아 올렸던 그 손길.

또 누군가에겐
'책임지지 못할 충동'이었을 수도 있다.
예상보다 무겁고, 복잡하고, 시간이 드는 존재였다는 걸

알게 된 순간,
그들은 그 생명을 차가운 거리에
놓아두고 돌아선다.

하지만 이 작은 생명에게는
그 모든 순간이 전부였을 것이다.

같이 눈을 맞추던 시간,
이름을 불러 주던 목소리,
따스했던 손길 하나하나가
그 아이의 세상이었을 테니까.

어떤 아이는 병들고 나이 들어서 버려지고,
어떤 아이는 사람에게 학대를 당한다.
영문도 모른 채 길 위에 혼자 남게 된 아이들은
크게 상처 입은 마음을 안고도
다시 사랑을 기다린다.

사람을 두려워하면서도,
사람을 향해 조심스레 꼬리를 흔드는 모습.
그건 미련이 아니라
기억 속의 따뜻함을 향한 그리움이다.

버려져도 사람을 원망하지 않는다.
그저, 한때 받았던 사랑이 너무 그리워
그 자리에서 묵묵히 기다릴 뿐이다.

언젠가 다시 올지도 모를 그 사람을,
아니면 그와 닮은 또 다른 온기를.
꼬리 하나, 눈빛 하나로 애타게
자신을 봐 주기를, 다가와 주기를 바란다.

그 눈빛 속에는
믿음과 기다림이 공존한다.
조금은 흔들리고, 많이 다쳤지만,
여전히 사랑을 향해 마음을 열고 있다.

사랑은 말없이 전해지고,
따뜻한 숨결과 손길이
그들을 다시 세상과 연결시킨다.

우리는 알아야 한다.
그 작은 생명들은 그 어떤 존재보다 소중하며,
그들이 겪은 아픔만큼이나
큰 사랑을 받을 자격이 있음을.

우리의 손길과 마음이 모일 때,
그들은 다시 한번 세상에 빛나는 별이 된다.
그리고 그 빛은, 우리 마음속에도
따스한 희망의 불꽃으로 살아난다.

기억하자,
버려진 건 아이들이 아니라
우리가 저버린 책임이었다는 것을.

그리움을 그리는 법

그리움은 마음에 남은 보이지 않는 색깔 같다.
때로는 짙고 깊은, 어두운 빛깔로
때로는 희미하고 투명한, 아련한 빛으로.

그리움을 그린다는 건
먼 곳에 있는 누군가의 모습을
천천히 떠올리는 일이다.

그리고 함께했던 모든 순간들을
붓으로 살며시 그리듯 마음에 새기는 일이다.

한 겹 한 겹 쌓이는 기억은
색이 바래는 듯하지만
그 속에 담긴 감정은 더욱 선명해진다.

그리움은 그런 마음의 층을 만들어
시간 속에서도 사라지지 않는 풍경을 완성한다.

그리움을 그릴 때는

서두르지 않아도 된다.
가끔은 멈추어 눈물 한 방울을 흘려도 좋고,
그리운 마음을 한 자락 바람에 맡기며
조용히 숨을 고르는 시간도 필요하다.

그리움은 완성된 그림이 아니라
계속해서 덧칠하고 또 덧칠하는 과정이다.
때로는 빛나는 노을처럼 붉게 물들고,
때로는 잔잔한 호수처럼 고요하게 반짝인다.

그리움을 그릴 줄 아는 사람은
그 마음의 풍경 속에서
사랑했던 모든 순간을 다시 만난다.

그 만남은 아픔이기도 하고,
위로이기도 하며,
또다시 앞으로 나아갈 힘이 된다.

그래서 그리움을 그리는 법은

결국 내 마음을 바라보고,
그 안에 머무는 시간을 사랑하는 법이다.

그리움은 그렇게
내 안에 가장 따뜻하고 깊은 그림으로
남아 있다.

잃는다는 건

잃는다는 건
단지 '없어지는 것'만을 뜻하지 않아.
어쩌면 가장 선명하게 기억되는 감정은
언제나 '잃어버린 것'에서 시작되곤 하지.

언젠가 손에 꼭 쥐고 있었던 온기,
매일처럼 곁에 있을 거라 믿었던 존재,
익숙해서 더 이상 신경 쓰지 않았던 풍경들까지도
사라진 순간, 우리는 그제야 그것들을 바라본다.

잃는다는 건
삶이 나에게 말없이 묻는 질문 같아.

"내가 진짜 원하는 건 뭐지?"
"무엇이 나를 움직이게 하지?"
그 질문 앞에서 나는 망설이고, 울고,
때론 조용히 고개를 끄덕이며 나를 다시 마주해.

그리움이라는 이름으로 남은 것들은

언제나 잃음에서 시작되었고,
놓아주지 못한 마음들은
시간이 흐를수록 더욱 단단해진다.

애써 묻어둔 기억일수록
어느 저녁, 노을 진 하늘에 스며
나를 울게 한다.

하지만, 잃는다는 건
언제나 끝을 의미하진 않아.
그 자리를 텅 비워두고 나면
그 틈으로 새로운 바람이 불어오고
또 다른 빛이 천천히 들어온다.

잃었다는 이유로 내가 무너진다면,
그건 그만큼 소중했다는 증거니까.

그러니 괜찮아.
무너지더라도, 흩어지더라도

그건 다 나였던 거야.

잃는다는 건
내가 진짜 사랑했던 것들로
내 마음이 얼마나 가득 차 있었는지를
뒤늦게 알게 되는 일.

그리고,
그 공백 속에서도
나는 다시 피어난다는 걸
잊지 않게 되는 일.

부재가 남긴 흔적

누군가 곁에 없다는 건
그저 빈자리 하나가 생긴다는 뜻이 아니다.

마음속 한구석이 휑하니 뚫린 것처럼,
그 부재가 공기처럼 스며들어
온몸을 불안으로 흔든다.

잠깐이라도 떨어져 있으면
금세 보고 싶어진다.
몇 분, 몇 시간이 마치 멀리 떠난 것처럼 느껴져
눈길이 자꾸 그곳을 향한다.

함께 있다가 홀로 남겨지면
"날 두고 어디로 가버린 걸까,
왜 나만 혼자 남겨둔 걸까."
그 물음이 불안으로 바뀌어
가만히 있지 못하게 한다.

때론 보살핌을 받아야 할 존재가

오히려 평온할 때도 있다.

잠든 얼굴은 고요하고,

혼자서도 잘 노는 순간들이 있다.

하지만 정작 괜찮지 못한 건 나다.

"혹시 날 찾지는 않을까,

혹시 울고 있지는 않을까."

끝없이 몰려드는 물음표들 속에서

나는 안절부절못한 채 마음을 놓지 못한다.

사실 알고 있다.

내가 없는 시간에도

세상은 그들만의 속도로 흘러간다는 걸.

그런데도 불안은

논리보다 빠르게 뛰쳐나와

심장을 먼저 붙잡아 흔든다.

분리불안이란,

결국 사랑이 만든 그림자다.
잃을까 두려운 만큼,
멀어질까 불안한 만큼,
더 깊이 마음을 쥐고 있는 증거다.

삼킨 눈물의 자유

눈물은 마음이 흘려보내는 가장 솔직한 언어다.
그럼에도 우리는 자주 그것을 삼킨다.
약해 보일까 봐, 어른답지 못할까 봐,
혹은 스스로조차 무너질까 두려워서.

울고 싶을 때 울지 못하면
가슴 어딘가에 작은 돌멩이가 하나씩 쌓인다.
그 돌들이 모여 무게가 되고,
숨 쉬는 것조차 버거워질 때가 있다.

눈물을 참는 건 용기가 아니다.
때로는 그것이,
스스로에게 가장 잔인한 선택일 수도 있다.

하지만 그렇다고 해서
눈물을 흘리는 게 곧 약함은 아니다.
흘려야 할 때 흘리는 건,
스스로를 지켜 내는 또 다른 힘이다.

눈물은 흘려보내야 흙처럼 가라앉고,
그 위에 새로운 희망이 자랄 자리를 내준다.

눈물을 꾹 참은 자리에는
언제나 말하지 못한 아픔이 남아
마음을 서늘하게 만든다.

세상은 아직 무섭고,
넘어지는 일은 여전히 너무 어렵다.
괜찮다고 말하지만,
그 말이 다 거짓말처럼 느껴질 때가 있다.
그럴 땐 괜찮지 않아도 괜찮다.

그러니 오늘은 참지 않아도 된다.
세상 앞에서 울 수 없다면,
적어도 자신 앞에서는 울어도 된다.

눈물은 마음을 씻어 내는 파도이자,
그 눈물을 통해

다시 일어설 힘을 배워 가는 것.

그리고
눈물이 지나간 자리엔
새로운 햇살이 스며들 것이다.

닿을 듯, 닿지 않는

길을 걷다 마주친 인형 뽑기 기계 앞.
반짝이는 유리 너머,
작고 귀여운 인형들이 다정하게 쌓여 있다.

어떤 날은 무심히 지나치지만,
어떤 날엔 그 안의 인형 하나가
유독 눈에 들어온다.

'한 번만 해 볼까?'

처음엔 가볍게 시작한 손끝의 시도.
하지만 금세 마음이 깊어진다.
집게발이 내려가 인형을 감싸 안을 때면,
마치 희망이 움켜쥐어진 것처럼 가슴이 뛴다.

하지만 인형은 늘 마지막 순간에
툭, 미끄러져 버리곤 하지.

"조금만 더 하면 될 것 같아."

"이번엔 될지도 몰라."

결국 동전은 자꾸 줄어들고
기다림은 길어지고
기대는 조금씩 조급함으로 변해 간다.

그럼에도 쉽게 포기하지 못하는 건
그 인형이 특별해서라기보단,
이미 마음을 써버렸기 때문일지도 모른다.

사람 마음이란 참 묘해서
잡히지 않을수록
더 간절해지고, 더 오래 머문다.

잡히지 않는 사랑,
닿지 않는 꿈,
기다려도 오지 않는 사람.

그 모든 것들이

어쩌면 저 작은 기계 안에 들어 있는 건 아닐까.

우리는 오늘도
무언가를 붙잡기 위해
동전을 넣고, 마음을 넣고,
조심스레 집게발을 내린다.
한 번만 더. 이번엔 꼭.

잡히지 않더라도
그 순간만큼은 분명,
간절한 마음이 있었다는 걸
기계는 알고 있을지도.

기다림의 끝에서

기다림은 처음엔 설렘이었다.
곧 다가올 순간을 그리며,
내일이 오늘보다 더 빛날 거라 믿으며
심장이 두근거렸다.

하지만 시간이 길어질수록
설렘은 서서히 무너지고
불안과 의심이 그 자리를 메웠다.

"혹시 오지 않으면 어떡하지."
"나 혼자만 바라보고 있는 건 아닐까."
끝없는 질문들이 마음을 괴롭혔다.

시계 초침은 무심히 흘러가는데
내 마음은 한자리에 붙잡힌 듯
더디게, 무겁게 내려앉았다.

그리움은 처음엔 따뜻했지만
곧 무게가 되어 어깨를 짓눌렀다.

기다림 속에 지쳐가는 건
상대가 아닌, 언제나 나였다.

그러다 문득 깨닫는다.
기다림은 상대를 향한 마음만이 아니라,
내가 얼마나 간절히 원하고 있는지를
드러내는 증거라는 걸.

지쳐도, 흔들려도,
이 마음이 쉽게 꺼지지 않는다는 사실.
그건 어쩌면
사랑이 가진 가장 고집스러운 얼굴인지도 모른다.

우리 다시 만나

시간이 흘러도
마음속에 남아 있는 얼굴들이 있다.

멀어졌다고 생각했지만
어느 순간 문득 떠오르고
다시 그리워지는 이름들이 있다.

우린 한때 너무 가까웠기에
이제는 서로의 공백이 더 크게 느껴진다.
함께 웃던 기억은 여전히 선명한데,
지금의 거리는 그때의 온기를 가려 버린다.

그래서 바란다.
우리가 다시 만나는 날이 오기를.
억지로 붙잡는 만남이 아니라,
자연스레 흐르듯,
어쩌다 스치듯 찾아오는 재회의 순간을.

그날엔 어색한 침묵보다

반가운 웃음이 먼저 터지기를.
잊지 못한 말보다
새롭게 나눌 이야기가 가득하기를.

어쩌면 우리는 이미 서로에게
다시 만나야 할 이유를
남겨둔 사람들인지 모른다.

마치 미완성 그림처럼,
아직 다 그리지 못한 장면을 기다리는 것처럼.

그래, 언젠가 우리 다시 만나자.

그때는 더 단단해진 마음으로,
더 따뜻해진 눈빛으로
서로의 곁에 다시 서자.

어른아이

누구보다 빨리 웃음을 배웠고,
누구보다 빨리 눈물을 삼켜야 했던
아이가 있었다.

어른이 되기엔 아직 작고 여린데,
세상은 그 아이의 손에
책가방보다 더 무거운 짐을 쥐여 주었다.

그래서 아이는 놀이터 대신 고민 속에서 뛰었고,
동화책 대신 현실의 언어를 읽었다.

사람들은 그를 보고
"참 어른스럽다" 혹은
"애어른 같다"라고 말하곤 했다.

하지만 그 말 속에는
결코 가볍지 않은 상처와 무게가 숨어 있었다.
사실 그는 너무 일찍 자라 버린 마음을
품고 살아가는 아이였으니까.

웃음 뒤에 어른 같은 침묵이 있었고,
침묵 뒤에 아이 같은 외로움이 있었다.

그러나 그 마음은
쉽게 무너지지 않는 단단함이 되었고,
누구보다 깊이 공감할 줄 아는 따뜻함이 되었다.

그렇게 어른아이는
자신의 상처에서 빛을 길어 올리며,
다른 이의 눈물을 닦아 주는 사람이 되어 간다.

아직은 어린 듯 보이지만,
그 마음속에는 한 송이의 꿈이 자라고 있었다.
언젠가 활짝 피어나
자신만의 색으로 세상을 물들일 꽃.

어른아이,
너무 일찍 자라 버렸지만

그만큼 더 넓게 사랑할 수 있는 마음을 가진
세상에 가장 특별한 존재다.

Part 6.

저문 노을빛에 잠긴 마음

어둠에 스며드는 마음

하얀 거짓말

거짓말은 가장 부드러운 칼날처럼
마음을 스친다.
겉으로는 따뜻한 말 한마디처럼 느껴지지만,
그 안에 숨겨진 진실은 조용히 귓가에 맴돌며
서서히 상처가 되기도 한다.

우리는 누구나 거짓말을 한다.
스스로도 모르는 사이에,
그럴 수밖에 없어서,
때로는 진실보다 거짓이
더 나은 선택처럼 느껴질 때가 있다.

상처를 피하려는 마음에서,
사랑하는 사람을 지키려는 마음에서,
그리고 자신을 보호하려는 마음에서.

하지만 거짓말은 언젠가
바다의 파도처럼 밀려와
숨겨진 진실의 모래알을 하나씩 드러낸다.

그때마다 우리는

감춰왔던 마음의 조각들을 마주해야 한다.

거짓말이란,

완벽한 방패가 아니라

조심스러운 줄타기다.

서로를 지키려 애쓰는 마음과

그 마음이 빚어내는 상처 사이를 오가는 무게감.

가끔은 거짓말 뒤에 숨겨진 진심이

더 깊고 따뜻한 사랑임을 알게 된다.

그럴 때 우리는 깨닫는다.

거짓말조차도 때론

서로를 이해하고 사랑하는 방법임을.

그러나 진실을 마주하는 용기 또한 필요하다.

그 용기 없이는

거짓말의 그물에 얽혀

서로의 마음을 잃어버리기 쉽다.

진실을 마주할 때,
서로에게 조금 더 솔직해질 때,
비로소 우리는
거짓말 너머의 따뜻함을 만난다.

그리고 그 따뜻함 속에서야
서로의 마음을 진정으로 보듬고
더 깊이 사랑할 수 있게 된다.

거짓말과 진실 사이,
그 미묘한 경계 위에서
우리는 인간으로서 성장한다.

그 길 위에서
서로의 상처를 안아 주고,
서로의 진심을 귀 기울여 듣는 법을 배운다.

그래서 결국,

거짓말도 진심도

서로에게 다가가는 한 조각의 마음이라는 것을.

눈 뜬 장님

분명히 보고 있었는데
보지 못한 것이 있다.
눈앞에 있었지만
알아채지 못한 진심이 있다.

우리는 종종,
눈을 뜨고 있으면서도
자신이 보고 싶은 것만 본다.

겉모습만 보고
그 사람을 다 안다고 생각하고,
한 문장, 한 행동만 보고
그 마음을 다 판단한다.

그게 오해가 되고,
그 오해는 편견이 되고,
편견은 마침내
진실보다 더 굳건한 믿음이 된다.

그렇게 눈은 떠 있지만,
마음은 닫혀 있는 채로
타인을 단정 짓고, 상처 입히고,
멀어진다.

눈은 빛을 본다지만,
빛을 향해 다가서지 못한다.
눈을 뜬 채로 어둠 속을 걷는다는 건,
세상을 바라보는 창이 아니라
세상을 가리는 벽을 들고 있는 것과 같다.

진심을 제대로 보려면
눈보다 마음이 먼저 열려야 한다.
겉보다 안을, 말보다 맥락을,
사람보다 '그 사람의 이야기'를
먼저 들어야 한다.

편견 없는 시선은 그 자체로 용기다.
오해 위에 다리를 놓고 이해로 걸어가는 건,

어쩌면 인간이 할 수 있는 가장 따뜻한 기적이다.

우리가 누군가를 온전히 보기 위해
눈을 뜬 장님이 아닌,
눈을 감고서도
마음으로 보는 사람이 될 수 있다면

세상은 조금 덜 차갑고,
조금 더 너그러울지도 모른다.

서로를 향한 거리

요즘 사람들은 참 빠르게 변해 간다.
생각도, 말투도, 살아가는 방식도.

한때는 당연했던 것들이
지금은 낡은 것이 되기도 하고,
존중받던 권위가
이젠 질문받는 시대가 되었다.

그런 변화 속에서
우린 가끔 멈춰 서게 된다.
특히 부모 세대와 마주할 때,
'왜 아직도 저럴까?'
'왜 이렇게까지 다르지?'
라는 생각이 불쑥 올라온다.

하지만 문득 생각한다.
그분들도 그렇게 살아오셨던 시간들이
몸에 밴 습관처럼
쉽게 바뀌지 않는다는 것을.

오랜 세월을 묵묵히 감내하며 살아온 삶,

당연하다고 믿어온 질서 속에서

사랑을 표현하는 법조차

배우지 못한 채 살아온 어른들이 있다는 걸.

그리고 우리도 이제는 안다.

무조건 바꾸라고 요구하는 것보다

조금씩 이해하려는 노력이

더 큰 변화를 만들 수 있다는 걸.

어쩌면

완전히 같아질 순 없어도

그 간극을 좁히는 건

서로의 마음을 향한 작은 발걸음일지도 모른다.

우리가 한발 다가가고

그들도 한발 물러설 수 있다면

그 거리는 어느새

가족이라는 이름으로

따뜻하게 메워질 수 있지 않을까.

세대는 달라도,
마음은 여전히
같은 온도를 꿈꾼다.

마음의 길치

나는 자주 길을 잃는다.
출발할 때는 분명히 방향을 정했는데
한참을 걷다 보면 어디쯤인지 모르겠고
다시 돌아가자니 왔던 길도 희미하다.

사람들은 그런 나를
'길치' 혹은 '방향치'라 한다.

처음엔 창피했지만
이제는 그 말이 조금 익숙해졌다.
그래, 나도 가끔 엉뚱한 길로 들어서고
방향을 제대로 짚지 못한다.

하지만 길을 잃는다고 해서
늘 나쁜 건 아니었다.

돌아가는 길 위에서
뜻밖의 풍경을 마주하기도 했고,
아무도 없는 조용한 골목에서

마음이 쉬어가는 소리를 듣기도 했으니까.

그러다 문득 이런 생각이 들었다.
나는 단지 길만이 아니라,
마음의 방향도 자주 잃는 사람일지도 모른다고.

누군가를 좋아하면서도
그 마음을 어떻게 표현해야 할지 몰라
말끝을 흐렸던 날들.

힘든 마음을 숨긴 채
괜찮은 척하느라
진짜 내 감정을 놓쳐 버린 순간들.

상처받기 싫어서
다가가지 못하고 멀어진 관계들.

그 모든 순간이
나는 마음의 길치였구나, 하고

지금에서야 알 것만 같다.

하지만 마음의 길도, 인생의 길도
결국엔 도착하게 되어 있다.
조금 늦더라도, 돌아가더라도
진심은 길을 만든다.

그러니 마음이 자꾸만 길을 잃는다고,
내가 어디쯤에 있는지 모르겠다고
너무 겁내지 않아도 된다고
나는 나에게 말해 주고 싶다.

길을 잃은 적 있다는 건
어딘가로 향하려 했다는 증거니까.

마음이 헤맸다는 건
누군가를, 어떤 순간을
진심으로 바라봤다는 이야기니까.

나는 오늘도 조금 서툴게,
마음이라는 지도를 펼쳐
내가 가고 싶은 방향을
다시 천천히 짚어 본다.

길을 잃어도 괜찮아.
마음은 기억하고 있으니까.

사랑의 그림자

사랑은 따뜻한 빛처럼 마음을 감싸지만,
그 빛 속에는 때로 그림자가 드리운다.
그중 하나가 바로 '질투'라는 감정이다.

질투는 사랑의 반짝임과 닮았다.
누군가가 내 마음속 그 자리를 대신할까 두렵고,
사랑하는 이가 내 곁에서 멀어질까 불안해진다.

그 불안함이 마음 한 켠에서 꿈틀거리며
조용히 파고든다.
말로는 쉽게 표현할 수 없지만,
속마음 깊은 곳에서 자꾸만 올라오는 감정이다.

질투는 때로 나를 서툴게 만들고,
눈치를 보게 하며,
내 안의 불안과 외로움을 키운다.

하지만 그 속에도 진심이 숨어 있다.
내가 얼마나 그 사람을 소중히 여기고,

잃고 싶지 않은 마음인지를 보여 주는 신호다.

질투를 느낀다는 건,
사랑이 무뎌지지 않았다는 증거이기도 하다.

완벽하지 않은 나와
완벽하지 않은 관계 속에서
서로가 서로에게
마음을 온전히 내어 줄 수 있길 바라는
애틋한 마음의 표현이다.

그러니 질투를 부끄러워하거나 억누르지 말자.
그 감정도 사랑의 한 조각임을 인정하며
그 안에서 나와 상대방을 더 잘 이해하고,
서로를 아껴 주는 법을 배워 가면 된다.

사랑과 질투가 뒤섞인 그 자리에서
조금은 서툴고 어색하지만,
그래도 진심이 자라나는 법이다.

어둠의 손길

빛이 있는 곳에는 반드시 그림자가 생긴다.
하지만 그 그림자가 너무 짙어져
빛마저 가려 버릴 때가 있다.

그림자는 처음엔 작고 사소하게
말 한마디로 시작한다.

"네가 날 이렇게 만든 거야."
"너한테 진심인 사람은 나밖에 없어"
"나 없으면 넌 아무것도 못 해."

이런 말들이 별것 아닌 듯 스며들어
조금씩 마음의 균형을 흔든다.

그러다 보면 어느 순간,
나는 내가 옳은지 그른지도 모른 채
상대의 말에만 의지하게 된다.

마치 스스로 생각하는 힘을 잃고

그가 드리우는 빛과 어둠에 따라
내 마음이 움직이는 꼭두각시가 된다.

이것이 바로 가스라이팅,
심리의 틈새에 숨어드는 어둠의 그림자다.

겉으로는 애정과 관심으로 위장하지만
실은 상대를 약하게 만들고,
자신의 권력으로 억누르는 교묘한 조종이다.

그러나 기억해야 한다.
그림자는 언제나 빛이 있기에 존재한다는 것을.
나를 가두려는 그 어둠도
결국 내 안의 빛을 가리려는 환영일 뿐이다.

내가 다시 고개를 들어
내 빛을 바라볼 때,
그림자는 길게 드리워져도
결국 내 뒤로 물러날 수밖에 없다.

가스라이팅은 어둠의 그림자다.
그러나 우리는 빛을 가진 존재다.
그 사실을 잊지 않는 한,
아무리 짙은 그림자도
결국은 내 발아래 머물 뿐이다.

등 뒤의 칼날

가장 믿었던 사람에게 배신당하는 마음은
차가운 칼날이 깊게 박힌 것처럼
온몸에 얼얼한 통증을 남긴다.

함께 웃고, 함께 약속했던 시간들
그 모든 순간이
뒤통수에 날카롭게 꽂히는
배신의 손길로 변할 때,
마치 온 세상이 무너지는 듯한 허탈감에 빠진다.

그 사람이 내게 했던 말들,
눈빛 하나하나가
사실은 모두 가면이었단 걸 알게 되는 그 순간,
마음 한 켠에선 믿음과 신뢰가
조각조각 깨져 흩어진다.

TV에서 종종 보는 이야기들,
가족이라는 이름으로 가장 가까워야 할 사람들이
서로를 해치는 장면들,

그럴 때마다 생각한다.

'사람 사이의 믿음이라는 건
얼마나 연약한 것일까.'

배신은 단순한 실망이 아니다.
그건 내 마음의 가장 깊은 곳에
어두운 그늘을 드리우고,
사랑과 신뢰라는 밑바탕마저 흔들어 버린다.

그 후로는 쉽게 누군가를 믿지 못한다.
다시 마음을 여는 일이
무서울 만큼 힘들어진다.

하지만
그 아픔과 상처가
나를 무너뜨리는 것만은 아니다.

시간이 조금씩 지나고,

스스로를 돌보며
내 안의 빈 공간을 다시 채워갈 때,

배신이 남긴 그 깊은 상처가
나를 더욱 단단하게 만드는
밑거름임을 알게 된다.

그래서 이제는 조금씩
조심스럽지만 다시 마음을 열고,
나 자신을 지키는 방법도 배우게 된다.

배신은 결국
내 안의 진짜 나를 깨우는
차가운 칼날일지도 모른다.

상처가 만든 무늬

마음이란 원래 보이지 않는 곳에서
수없이 단단해졌다가도,
때로는 한순간에 무너져 내리기도 한다.

누군가의 말 한마디,
무심코 지나간 표정 하나에도
가슴이 쿵 하고 내려앉을 때가 있다.

마치 얇은 유리컵처럼, 작은 금이 스며들면
금세 깨질 것만 같은 불안 속에 놓이게 된다.

사람들은 그런 마음을 흔히
유리멘탈이라고 한다.

쉽게 상처받고,
오래도록 그 말의 파편을 품은 채
아파한다는 뜻이다.

하지만 유리는

빛을 가장 맑게 통과시키는 재질이기도 하다.
쉽게 깨지는 만큼,
세상을 가장 투명하게 비추어 내는
성질을 가진다.

그래서 유리멘탈은 약함만을 뜻하는 게 아니다.
남들이 무심히 지나치는 감정의 결까지 느끼고,
작은 파동에도 반응할 줄 아는
예민함이기도 하다.

물론 그 예민함은 종종
스스로를 괴롭히기도 한다.
잠깐의 비난이 오래 남아 자책으로 번지고,
가벼운 거절이 자신 전체를 부정하는 듯 느껴지기도 한다.

하지만 동시에 그 예민함은
누군가의 작은 친절에도 눈물 흘리게 만들고,
남몰래 흘린 아픔을 누구보다 빨리
알아차리게 한다.

유리멘탈은 결코 단점만은 아니다.
그것은 깊이 느끼고, 섬세하게 바라보며,
더 쉽게 사랑할 수 있는
마음의 구조이기도 하다.

중요한 건, 금이 가더라도
스스로를 완전히 부서진 조각으로
여기지 않는 것이다.

유리컵이 금이 가면
접착제로 이어 붙여 새로운 무늬가 생기듯,
상처 난 자리 또한
자기만의 빛깔로 변할 수 있다.

결국 유리멘탈은 투명하게 빛나는
마음의 증거다.
상처를 겪으며 더 단단해지고,
예민함 속에서 따뜻함을 키워 가는 것.
그것이야말로 깨지기 쉬운 마음이 품은

가장 큰 힘 아닐까.

때로는 강철 같은 단단함보다
유리 같은 맑음이
더 아름다울 때도 있다.

욕심과의 줄다리기

욕심은 언제나 조용히 내 안에 숨어 있다.
가끔은 희미한 속삭임처럼,
가끔은 무겁게 끌어당기는 밧줄처럼.

내가 원하는 것과
내가 가진 것 사이에서
조심스레 줄을 당기고 밀다가
어느 순간, 균형이 깨진다.

욕심이 너무 크면
내 마음은 흔들리고
작은 행복조차 놓치게 된다.

하지만 욕심이 전혀 없다면
새로운 꿈도, 도전도, 성장도 멈출 수밖에 없다.

그래서 나는 매일
욕심과 줄다리기를 한다.
내 마음 한편에 자리 잡은

그 끈을 부드럽게,
하지만 단단히 잡으려 애쓰면서.

욕심과 싸우는 게 아니라
함께 걷는 법을 배우는 것.

욕심이 너무 세게 잡아당길 때는
잠시 손을 놓고 숨을 고르고,
내가 진짜 원하는 게 무엇인지
가만히 귀 기울여 본다.

그렇게 욕심과 적당한 거리를 두며
나는 오늘도 조금씩
내 안의 줄을 당기고 밀어 가며
나만의 균형을 찾아간다.

부질없는 순간에도

살다 보면 문득,
"이게 무슨 의미가 있나" 싶은 순간들이 찾아온다.

애써 쌓아 올린 탑이
바람 한 번에 무너져 내리는 걸 보듯,
모든 게 허망하고 부질없게 느껴진다.

그때는 내 노력이, 내 기다림이,
심지어 내 마음조차도
아무 의미 없는 것처럼 보인다.
하지만 부질없음이 꼭 헛됨만을 뜻하지는 않는다.

사라질 걸 알면서도 웃고,
금세 잊힐 걸 알면서도 기록하고,
결국 흩어질 걸 알면서도 사랑했던 시간들.
그 모든 게 부질없다고 말할 수 있을까?

어쩌면 부질없음이란
결말이 정해져 있음을 아는 태도일지도 모른다.

그럼에도 불구하고
그 순간을 살아 내고자 하는 의지,
사라져도 좋을 만큼 사랑하고
흔적조차 남지 않아도 웃을 수 있는 용기.

그래서 나는 믿는다.
부질없음 속에야말로
가장 순수한 빛이 숨어 있다고.

의미를 찾지 않아도,
결과로 증명되지 않아도,
그 순간 내 마음이 움직였다면
그것으로 충분하지 않을까.

지갑으로 열리는 세상

세상은 참 정직하게도 혹은 잔인하게도
모든 걸 돈으로 환산한다.
무언가를 배우려 해도
지식보다 먼저 필요한 건 수강료다.

꿈을 향한 첫걸음이 설레야 할 텐데
그 앞에는 '결제'라는 문턱이 있다.

그렇지만 좋아하는 것을 하기 위해서라면
돈이 그 앞을 가로막아도
나는 기꺼이 넘을 것이다.

살아가는 일도 다르지 않다.
집을 구하고, 불을 켜고, 물을 쓰는 순간부터
모든 것이 금액으로 기록된다.

심지어 숨 쉬는 공기마저
어떤 날은 공기청정기의
필터값으로 환산되곤 한다.

먹고 사는 일 역시 돈 위에서 돌아간다.
하루 세 끼를 해결하는 일,
커피 한 잔으로 여유를 사는 일,
친구와의 식사에 웃음을 곁들이는 일
모두 영수증 한 장으로 증명된다.

물론, 돈이 전부는 아니라고 말하고 싶다.
하지만 세상은 자꾸만
그 말이 틀렸다고 가르친다.

하고 싶은 것을 하려면 돈이 필요하고,
사람을 만나고 시간을 나누는 일조차
교통비, 식사비, 입장료라는 꼬리표를 달고 온다.

그래서 우리는 알게 모르게
돈이 있어야 움직일 수 있는 삶 속에서 산다.
때로는 돈이 나를 옭아매고,
때로는 돈이 나를 자유롭게 한다.

참 모순적인 이 관계 속에서
우린 오늘도 쓰기 위해 벌고,
벌기 위해 일을 한다.

아마 이 세상에서
돈 없이 살아가는 일은 불가능에 가깝다.

그렇다면, 이 세상을 원망하기보다
그 속에서도 내가 지키고 싶은 가치와 마음을
어떻게든 놓치지 않는 게
우리가 할 수 있는 작은 저항이자,
또 다른 살아 내기의 방식일지도 모른다.

갈림길

인생은 마치 끝없이 펼쳐진 숲길 같다.
그 숲에는 수많은 갈림길이 숨어 있고,
우리는 그때마다 한 걸음 한 걸음
조심스럽게 나아간다.

어떤 길은 햇살이 환하게 비추고,
어떤 길은 짙은 안개에 가려져 있다.
때로는 길이 두 갈래로 나뉘어 있을 때,
나는 어느 쪽을 선택해야 할지 몰라
깊은 고민에 빠진다.

그 순간, 내 마음은 끊임없이 흔들리고
불안과 기대가 뒤섞인다.
'이 길이 맞을까?'
'다른 길을 택했더라면 어땠을까?'
나는 후회와 의심 사이에서 갈팡질팡한다.

하지만 돌아보면,
그때의 나는

내가 가진 모든 용기를 쥐어짜 내어
그 순간의 나름의 최선을 다해
선택했다는 걸 안다.

내가 선택한 그 길이
가장 빛나던 시간도 있었고,
때로는 넘어지고 울기도 했지만,
그 모든 순간들이 모여
지금의 나를 만들었다.

선택한 길 위에서 마주한 바람과 햇살,
그 모든 것이 나에게 새로운 깨달음과
성장을 안겨 주었다.

비록 그 길이
처음 상상한 것과 달랐을지라도,
그 길에서 나는 '나'로 서 있었다.

그리고, 후회라는 이름의 그림자도

사실은 나를 더 깊이 이해하고,
나를 더 강하게 만드는
작은 불꽃임을 알게 되었다.

그래서 이제는 말할 수 있다.

"그때의 나는 최선을 다했어.
그 선택들이 오늘의 나를 만들어 주었고,
앞으로 나아갈 힘이 되어 줄 거야."

어쩌면 인생의 갈림길은
길 위에 선 '나'를 만나는 순간이기도 하다.

길을 선택하는 것만큼
내 마음을 믿고 따르는 용기가
더없이 소중하다는 것을.

오늘도 나는
내가 선택한 그 길 위에서
조금 더 단단해진 나를 만난다.

Part 7.

별빛 아래 고요한 밤

꿈과 생각이 흐르는 공간

내 머릿속의 물음표

밤이 깊어질수록
내 머릿속엔 끊임없이
작은 물음표들이 하나둘 생겨난다.

"이게 맞는 걸까?"
"이 마음의 시작은 어디서부터일까?"
"나는 어디로 향하는 걸까?"

말로 꺼내기조차 망설여지는 질문들이
조용한 방 안을 가득 메우고,
이불 속에 몸을 숨겨도
그 물음표들은 멈추지 않고 내 마음을 두드린다.

누구도 알려 주지 않는 답들,
머릿속을 맴돌며 끝없이 이어지는 의문들,
때로는 그 무게에 내 속이 어지럽고,
나 자신이 점점 더 작아지는
기분이 들기도 한다.

하지만 이상하게도,

나는 그 물음표들을 미워하지 못한다.

그것들은 바로
내가 아직 살아 있고, 느끼고 있고,
고민하고 있다는 증거이기 때문이다.

나 자신을 더 깊이 알고 싶어 하고
내가 바라는 사람이 되기 위해 노력하는
진심 어린 마음의 모양이다.

물음표는 때때로
길을 잃게 만들고, 헤매게도 하지만
그 길 잃음 속에서 나는
나만의 새로운 길을 만들어 간다.

어쩌면, 그 끝에 명확한 정답은 없을지 몰라도
질문을 던지고, 고민하며
스스로 답을 찾아가는 과정이
나를 조금씩 더 성장시키는 것임을 알기에

나는 오늘도 그 물음표들과 함께 걷는다.

불안함과 두려움이 손끝을 스칠 때도 있지만
그럼에도 불구하고
나는 조금 더 용감해지고 있다.

그 물음표들은
내 삶의 나침반이 되어 주고,
내 마음 깊은 곳에
빛나는 별처럼 자리 잡는다.

오늘 밤도
나는 머릿속 물음표와 대화를 나누며
나라는 길 위를 걷는다.
때론 멈추고, 돌아보고, 다시 시작하면서.

불확실함 속에서도
나는 한 걸음 한 걸음
내일을 향해 나아가고 있다.

천사와 악마

우리 마음속에는
늘 두 존재가 함께 산다.

하나는 부드럽고 따스한 천사처럼
사랑과 용서, 희망을 속삭이고,
다른 하나는 날카롭고 어두운 악마처럼
두려움과 불안, 의심을 몰고 온다.

천사는 내 안의 빛과 같아
내가 넘어질 때 일으켜 세워 주고,
어둠 속에서도 길을 잃지 않게 비춘다.
그 목소리는 조용하지만 단단하다.

"괜찮아, 너는 충분히 잘하고 있어."

반면 악마는
때론 거칠게, 때론 교묘하게 다가와
내 마음의 문틈으로 스며든다.

"너는 부족해, 실패할 거야."
그 말은 가끔 내 발걸음을 무겁게 만들고
나를 흔들어 놓는다.

하지만 그 둘은 대립만 하는 것이 아니라,
내가 더 성장하도록 돕는 균형이기도 하다.

천사가 주는 힘과
악마가 건네는 경고 사이에서
나는 나 자신과 대화하며
조심스럽게 길을 찾아간다.

어쩌면 우리 모두
천사와 악마를 품은 존재일지 모른다.
때로는 천사의 날개를 달고,
때로는 악마의 꼬리를 감추며.

중요한 건,
어느 쪽에 더 귀 기울일지

스스로 선택하는 용기다.

내 안의 두 목소리가 부딪힐 때마다
나는 조금 더 나를 이해하고,
더 단단해져 간다.

그래서 오늘도 나는
천사의 손길을 기억하며,
악마의 속삭임에 흔들리지 않으려
조용히 마음을 다잡는다.

그리고 내 안의 두 존재와
조화로운 춤을 춘다.

어린왕자

어린왕자는
우리 모두 마음속에 숨겨둔
작은 별과 같다.

순수하고 맑으며,
세상의 어둠 속에서도 빛을 잃지 않는 별.
그 별은 어쩌면 우리가 잃어버린 동심이고,
잊힌 진실이다.

책장을 넘길 때마다 만나는 어린왕자의 말들은
마치 고요한 밤하늘에서 속삭이는 별빛 같다.

누군가는 그것을 단순한 동화라 하지만,
나는 그 속에서 삶과 사랑,
그리고 존재의 의미를 본다.

"가장 중요한 것은 눈에 보이지 않아."

이 말은 세상의 겉모습만 보고

판단하기 쉬운 우리에게
진심과 본질을 보라는 조용한 경고다.

눈에 보이지 않는 것들,
그것들이 우리 삶에서 가장 큰 힘이 되고
가장 깊은 위로가 된다.

또한 어린왕자는 말한다.

"네가 네 장미를 그토록 소중히 여기는 건,
그 장미를 위해 네가 들인 시간 때문이야."

우리가 누군가를 사랑하는 이유는
그 사람이 특별해서가 아니라,
함께한 시간과 마음의 무게가 쌓였기 때문이다.

그리고 나는 이 책에서 또 하나를 배운다.
사랑은 기적이라는 것.

"내가 좋아하는 사람이
나를 좋아해 주는 건 기적이야."

서로가 서로에게 닿는 이 기적 같은 순간은
별처럼 희미하지만 영원히 반짝인다.

어린왕자는 우리에게 묻는다.
"너는 지금 무엇을 보고 있니?"
눈에 보이는 것만을 쫓는 세상 속에서
가장 소중한 것을 놓치고 있지는 않은지.

그가 우리에게 건네는 따스한 메시지는
잃어버린 나를 다시 찾게 해 주고,
사랑과 관계를 새롭게 바라보게 한다.

밤하늘에 빛나는 작은 별처럼,
어린왕자는 오늘도
내 마음 한 켠에서 조용히 반짝인다.

어린 날의 꿈

어릴 적,
세상은 아주 커다란 놀이터였고
내 마음속엔 끝도 없는 꿈들이 살고 있었다.

나는 커서 우주비행사가 될 줄 알았고,
나무 위에 집을 짓고,
하늘을 나는 자동차를 몰 줄 알았다.

아무 의심도 없이
모든 게 가능하다고 믿던 그 시절.

어느 날은 종이비행기 하나로 세상을 날았고,
또 어떤 날은 바람을 친구 삼아
상상의 나라를 떠돌았다.

꿈은 커다랗고
두려움은 아주 작았다.
현실은 아직 배우지 않은 단어였고,
포기는 사전 어디에도 없었다.

하지만 자라면서
하나둘 현실이라는 단어를 알게 됐고,
꿈은 서랍 깊숙이 접어 넣었다.

"그건 어려울 거야."
"현실적으로 생각해야지."
누군가의 말은 마치 못처럼 박혀
내 상상의 날개를 조용히 꺾었다.

그럼에도 불구하고,
가끔은 문득 그 서랍을 열어 본다.
먼지가 내려앉은 그 조각들 사이로
아직도 반짝이는 무언가가 있다.

어린 날의 나는
지금의 나에게 조용히 속삭인다.
"넌 여전히 꿈꿀 수 있어."
"지금의 너는, 그때 내가 바라던 어른일까?"

어쩌면 꿈이란

이루는 것보다

잊지 않는 것이 더 중요한 건지도 모른다.

세상이 아무리 커져도

마음만은 작고 투명했던 그 시절을 기억하며

나는 오늘도, 조금은 어릴 적 나처럼

다시 꿈을 꾼다.

동심 여행

디즈니는 누구에게나 마음 한쪽에 자리한
작은 마법 같은 존재다.
아이들에게는 꿈을 심어 주고,
어른들에게는 잊고 있던 마음을 꺼내 주니까.

현실에선 절대 일어날 수 없는 일이
거기선 당연하게 일어났고,
언제나 마지막엔
'해피엔딩'이라는 이름으로
따뜻하게 끝을 맺었다.

한 번쯤은 상상했을 것이다.
하늘을 나는 양탄자를 타고
밤하늘을 가로지르거나,
숲속 동물들과 친구가 되어
노래 부르던 어느 오후를.

그건 단지 상상이 아니라,
현실에서 잠시 벗어나

마음이 숨 쉴 수 있도록
디즈니가 열어 주는 비밀의 문이다.

디즈니랜드는 단순한 놀이공원이 아니라
어른도, 아이도,
모두가 '동심의 세계'로 초대받는
하나의 마법이다.

현실에선 흔들리고 지치던 마음이
그 안에서는 잠시 쉬어간다.
세상이 복잡해질수록
그 단순하고 선명한 이야기가
더 깊이 마음을 두드린다.

그 단순함 속에는
지켜야 할 가치와 믿음,
사랑과 용기 같은
너무도 중요한 것들이 담겨 있다.

그래서인지, 디즈니를 보고 나면
잠시나마 내가 더 나은 사람이 된 것 같은
기분이 든다.

그리고 그게 꼭
어릴 적에만 통하는 마법은 아니더라.

지금의 나는
공주보다 친구들 옆의 티몬과 품바,
엘사보다 언니를 믿는 안나의 마음에
더 가까워졌고

"날 믿어!"라고 말하는 알라딘보다
"난 나야"라고 말하는 라푼젤에게 위로받는다.

디즈니는 늘 말해 준다.
사랑은 끝내 모든 것을 이긴다고,
진심은 언제나 닿는다고,
너는 너답게 빛나야 한다고.

그렇게 디즈니는 세대를 넘어
우리 모두의 마음 안에 살아 있는
작은 마법이다.

거울과 날개

가만히 앉아 하늘을 바라보다 보면
구름이 흘러가는 모양에
내 생각도 함께 흘러간다.

생각은 마음속의 거울이다.
지금의 나를 비추어
내가 어디에 서 있는지,
어떤 길을 걸어왔는지를 보여 준다.

차분히 들여다보면
작은 깨달음들이 빛처럼 번져 온다.

상상은 마음속의 날개다.
아직 닿지 못한 곳을 향해
현실 너머로 가볍게 날아간다.

그곳에서 나는
새로운 가능성과 이야기를 만나고,
다시 현실로 돌아올 힘을 얻는다.

때로는 생각이 발걸음을 멈추게 하고,
상상이 발걸음을 떼게 한다.

둘이 나란히 흐를 때
나는 조금 더 멀리,
조금 더 가볍게 나아갈 수 있다.

흘러가는 구름처럼
생각과 상상도 머물지 않고 움직인다.

그 흐름을 억지로 붙잡지 않고
그저 따라가다 보면
언젠가 내가 닿을 곳이
조금은 선명해질지도 모른다.

사후세계

우리가 살아가는 이 삶은
끝이 있는 여정이라고 말한다.

호흡이 멈추고, 심장이 고요해지면
여기서의 시간은 닫히고,
그 너머의 문이 열린다고.

누군가는 그것을 사후세계라 부른다.

어떤 이들은 말한다.
그곳은 끝없는 어둠,
잠처럼 깊은 고요일 뿐이라고.

또 어떤 이들은 말한다.
사랑하는 이들의 품으로 돌아가는 곳,
빛으로 가득한 세상이라고.

사후세계는 아무도 다녀와
확실히 말해줄 수 없는 길.

그래서 우리는 추측과 상상 속에서
그림자를 그려 넣는다.

그러나 나는 이렇게 믿고 싶다.

사후세계는
"없음"이 아니라 "다름"일 뿐이라고.

하루가 끝나면 밤이 오듯,
겨울이 지나면 봄이 오듯,
삶이 끝나면 또 다른 모습의 시간이
조용히 시작되는 것이라고.

그곳에서는
아프지도, 슬프지도 않고
마음이 가벼워져
별빛처럼 빛나며 서로를 만난다고.

사후세계는

두려움의 다른 이름이 아니라,
그리움이 이어지는 또 하나의 자리일지도 모른다.

남겨진 이들에게는 눈물이지만,
떠난 이들에게는 새로운 날개의 시작일 테니까.

편안함과 존중 사이

편안함만 있는 관계는 좋다.
서로의 말투에 날이 서 있지 않고,
어떤 이야기를 꺼내도 괜찮을 것 같은
공기가 흐른다.

함께 있는 시간이 길어도, 침묵이 흘러도,
어색함이 아닌 안온함이 스며든다.

하지만 편안함만으로는 오래 가지 못한다.
너무 익숙해져서 경계가 흐려지고,
배려가 사라지면 편안함은 금세
무례함으로 변하기 때문이다.

존중이 그 자리를 지켜 줘야 한다.
서로의 경계를 알아주고,
마음을 함부로 판단하거나 단정하지 않는 태도.
가까워도 예의를 잃지 않는 시선.
그런 존중이 있어야
편안함이 오래 숨 쉴 수 있다.

편안함과 존중이 공존하는 관계는
따뜻한 담요와 단단한 기둥을
동시에 가진 집과 같다.
마음이 쉬어갈 수 있는 온기를 품고,
언제든 다시 나아갈 힘을 지탱해 준다.

그런 관계 속에서 사람은
더 단단해지고, 더 자유로워진다.

서로를 가두지 않으면서도
서로를 놓치지 않는 법을 아는 사이.
그게 우리가 오래 지켜야 할 인연의 모양이다.

신뢰는 시간을 타고

시간 약속은
우리 삶 속에서 가장 소중하고도
가장 섬세한 다리와 같다.

누군가와의 만남을 위해
우리가 정한 그 순간,
단순한 숫자가 아닌
서로의 마음과 시간을 나누는 약속이다.

시간을 맞춘다는 것은
단지 약속 장소에 가는 것만 의미하지 않는다.

그 속에는
기다림에 대한 인내, 기대와 설렘,
서로를 향한 배려와 존중이
고스란히 담겨 있다.

하지만 시간은 가끔 너무나도 묘하게 움직인다.
내가 마음을 다해 약속을 지켜도

상대가 조금 늦는다면

그 다리가 살짝 흔들리고

마음 한 켠에 무심한 파도가 일기도 한다.

반대로 내가 약속 시간을 지키지 못한다면,

그 순간부터

나에 대한 신뢰가 서서히 스러져 간다.

어떤 사람은

상대방이 조금 늦는 것은 괜찮지만

자신이 단 1분이라도 늦는 것은

절대 용납하지 않는 경우도 있다.

그만큼 시간 약속은

사람마다 다르게 받아들여지고,

서로의 마음을 이해하는 일이 더욱 중요해진다.

그래서 시간 약속은

단순한 시간 맞춤을 넘어서

"나는 너의 시간을 소중히 여기고 있어"
"너와 나누는 이 시간이 내겐 가장 소중해"
라는 메시지가 담겨 있다.

인생은 늘 바쁘고 예측할 수 없어서
어쩔 수 없이 시간을 어기는 순간도 찾아온다.
그럴 때마다
우리는 다시 다짐해야 한다.

작은 노력 하나가 모여
서로에 대한 신뢰라는
거대한 숲을 이룬다는 것을.

누군가를 향한 나의 진심이
시간 위에서 흐트러지지 않도록,
나는 오늘도 약속을 지키는 연습을 한다.

나와의 약속

다른 사람과의 약속은 어느 정도 무게가 있다.
지키지 않으면 누군가는 속상해하고,
서운해하고, 때로는 실망하기도 하니까.

그런데
나와의 약속은 좀 다르다.

"오늘부터 매일 연습하자."
"이번 주는 꼭 일찍 자고 일찍 일어나자."
"더 이상 미루지 말자."

이런 약속들은
누구에게 들키지도 않고,
어긴다고 해서 혼나는 일도 없다.

그래서일까
가장 많이 하고,
가장 많이 깨는 약속이
늘 '나와의 약속'이다.

하루 이틀 미루다가
"오늘은 좀 피곤했으니까"
"내일부터 진짜 시작할 거야"
그렇게 스스로를 타이르면서
결국 또 어기고 만다.

이렇게 지켜지지 못한 약속들이 자꾸 쌓이면,
스스로에 대한 믿음도 조금씩 사라진다.

그러다 보면 진짜 중요한 날에도
"내가 할 수 있을까?" 의심하게 된다.

그래서 나는
조금씩이라도 지켜 보려 한다.

하루에 5분이라도,
아주 작게라도 시작해 본다.
완벽하지 않아도 괜찮다고,
넘어져도 다시 일어나면 된다고,

스스로에게 말해 준다.

남에게 잘 보이기 위한 약속이 아니라,
나를 더 나답게 만들기 위한 약속.

어렵지만
그래서 더 지켜야 하는
나 자신과의 약속.

그 약속을 지켜 나가는 내가
언젠가 나를 가장 믿어 주는 사람이 될 거라고
조금은 기대해 본다.

우주 속에 품은 꿈

밤마다 고개를 들어 하늘을 올려다보면
나는 언제나 같은 질문을 스스로에게 던진다.

'저 무수한 별빛 사이에서,
나는 얼마나 작은 존재일까'

손에 닿지 않는 거리,
수억 년의 시간을 건너온 빛이
아무렇지 않게 내 눈앞에 머무는 순간,
나는 동시에 아주 작아지고, 또 무한히 커진다.

별빛이 쏟아지는 그 고요 속에서
내 마음에도 작은 우주가 있다는 걸 알게 된다.

말로 꺼내지 못한 희망들,
누구에게도 보여 주지 못한 두려움들,
이름 붙이지 못한 꿈들이
밤하늘의 별처럼 반짝이며 흩어져 있다.

나는 그 별들 사이에 하나의 씨앗을 심는다.
우주 속에, 내 안에,
언젠가 빛을 내며 나를 이끌어 줄 꿈 하나.
혹시 잊어버릴까 두려워 별빛에 매달아 두고,
혹시 흩어질까 염려되어 달빛에 꼭 감싸 두었다.

가끔은 너무 멀어 닿을 수 없을 것 같고,
가끔은 내 발걸음보다 너무 앞서가 버려
따라잡을 수 없을 것 같지만
나는 믿는다.
그 꿈이 언젠가 별처럼 반짝이며
내 앞길을 밝혀 줄 거라고.

삶이 흔들리고 마음이 어두워질 때마다
나는 다시 밤하늘을 바라본다.

그곳에 품은 꿈이,
언젠가 길을 잃은 나를
다시 빛으로 이끌어 줄 거라는 희망 하나로.

우주 속에 품은 꿈은

멀리 있는 별이 아니라,

내 안에서 살아 숨 쉬는 또 하나의 심장이다.

삶의 엔딩

삶의 끝은 누구에게나 찾아오지만,
그 끝이 어떤 모습일지는 아무도 알 수 없다.

눈물과 함께 찾아오는 새드엔딩은
놓쳐버린 기회, 이루지 못한 꿈,
말하지 못한 사랑, 그리고
남겨진 이들의 가슴에 남은 쓸쓸함이다.

삶이 남긴 무거운 흔적이자,
우리가 스스로에게 던지는 질문이기도 하다.

'내가 더 잘할 수는 없었을까',
'왜 그때 더 용기를 내지 못했을까'라는 후회와
'그럼에도 사랑했고, 견뎌 냈다'는 인정
그 사이를 오간다.

하지만 새드엔딩만이 전부는 아니다.
삶의 마지막에는,
조용하고도 환한 빛이 비치는

해피엔딩도 있다.

그건 고단한 여정을 마치고 얻는 평화와 위로,
용서와 감사가 담긴 순간이다.

해피엔딩은
완벽하지 않아도 괜찮다는
가벼운 숨결처럼 다가온다.

모든 것이 마무리될 때,
스스로의 삶을 따뜻하게 바라보고
'그래도 나는 잘 해 냈다'고 말할 수 있는 용기다.

삶은 새드엔딩과 해피엔딩 사이를
넘나들며 우리 마음을 깊이 흔든다.
때로는 슬픔에 잠겨 무너지고,
때로는 희망에 기대어 다시 일어난다.

중요한 건,

어떤 엔딩이든 그 안에 담긴 우리의 이야기다.
결코 사라지지 않는 기억과 감정,
그리고 그로 인해 더 넓어진 마음이다.

우리가 겪는 모든 끝은
사랑과 성장의 일부이며,
마음 깊은 곳에 빛나는 작은 별처럼
언제나 새로운 시작을 품고 있다.

그래서 나는 오늘도 믿는다.
삶의 엔딩은 단지 끝이 아니라,
또 다른 이야기가 시작되는 문이라는 것을.

Part 8.

별들의 속삭임

지친 마음 위로 내려앉은 노래

이름 없는 꽃

누구도 이름을 불러 주지 않아도,
그 자리에 묵묵히 피어나는 작은 꽃이 있다.

화려한 무대 위에 서지 않아도,
눈길을 크게 받지 않아도,
그저 그 자리에서 조용히 빛난다.

사람들은 흔히
이름 있는 꽃만 기억하고
그 빛에만 눈길을 준다.

하지만 이름 없는 꽃도
그들만의 은은한 빛과 향기로
세상을 채우고 있다는 것을,

우리는 종종 잊는다.

바람에 살랑이는 꽃잎은
말없이 수많은 이야기를 속삭이고,

햇살을 받아 반짝이는 순간마다
그 꽃만의 삶과 시간이 담겨 있다.

누구의 관심도 바라지 않고,
누구에게 보여 주려 애쓰지 않으며,
그저 묵묵히 자기 자리에서
자신의 시간을 살아가는 그 존재는

어쩌면
우리 모두의 모습이 아닐까.

보잘것없어 보이지만,
세상 어디에나 피어나는 작은 꽃처럼.

나 또한 이름 없이 빛나지 않아도,
내 삶 속에서 조용히 의미를 피우며
나만의 빛을 전하고 싶다.

그 작은 꽃이 전하는 위로처럼

내 존재도 누군가에게

잔잔한 온기와 평안을 전하기를 바라며.

선율의 품

우리는 늘 음악과 함께 살아간다.

아침 햇살이 부드럽게 창문을 스칠 때,
귓가에 조용히 스며드는 잔잔한 멜로디가
새로운 하루의 문을 살며시 열어 준다.

지친 하루가 저물면
마음 한 켠에서 울리는 따뜻한 노래가
지친 영혼을 조용히 감싸 안는다.

음악은 말로 다 담아내기 힘든 감정을
대신 전해 주고,
깊은 마음속에 숨겨둔 이야기들을
살며시 꺼내어 빛나게 만든다.

기쁠 땐 경쾌한 리듬에 맞춰
자연스레 몸을 흔들고,
슬플 땐 부드러운 선율에 기대어
눈물로 마음의 무게를 덜어 낸다.

그 순간, 음악은 내 안의 감정과 마음이 통하는
가장 친한 친구가 되어 준다.

과학은 말한다.
음악이 우리의 뇌파를 다독이고,
스트레스를 녹이며,
기억과 집중을 도와준다고.

하지만 그 무엇보다,
음악은 우리 마음의 언어이자
가장 솔직한 위로임을.

음악이 흐르는 그 순간,
우리는 온전히 '지금, 여기'에 머문다.

선율에 몸을 맡기면
복잡했던 생각들이 차분해지고,
무거웠던 마음도 한 겹씩 가벼워진다.

음악은 우리를 감싸 안는 포근한 품과 같다.

말없이 위로하며,
지칠 때 곁에 있어 주고,
결코 혼자가 아님을 속삭인다.

그래서 나는 오늘도
음악 속에 내 마음을 담는다.

조용히 흐르는 멜로디 위에
나의 희망과 아픔, 기쁨과 꿈을 얹고,
그 소리가 먼 곳까지 닿아
누군가에게도 작은 위로가 되길 바라며.

선율의 품에 안겨
나는 다시 한번 나 자신을 만나고,
내일을 향해 조용히 걸음을 내딛는다.

네가 나를 부를 때

이름은 내가 세상에 처음 선보인 작은 자취다.
아무것도 아닌 듯, 조용히 다가온 그 한마디가
내 존재를 세상 속에 새겨 넣는
첫 번째 흔적이었다.

하지만 진짜 이름은
내가 나 자신보다 훨씬 더 많이
다른 누군가의 입술을 타고 불릴 때
비로소 완성된다.

누군가 내 이름을 부를 때마다
그 소리는 내 안에 숨겨진 이야기를
꺼내 놓는 주문 같고,
그 말 속에는 나에 대한 기억과
마음이 담겨 있다.

그 순간 나는 나 자신을 넘어
그 사람과 함께 하는 한 조각의 관계가 된다.

사랑하는 이가 내 이름을 부르면
그 음성은 가장 따뜻한 멜로디가 되어
내 마음 깊은 곳까지 울려 퍼지고,

친구가 내 이름을 부르면
그 한마디가 가장 편안한 쉼터가 된다.

때로는 이름보다 더 다정한 별명,
또는 가볍게 주고받는 애칭이
내 마음을 더욱 깊이 어루만지고
서로의 거리를 줄여 준다.

내 이름은
단지 나를 가리키는 말이 아니라,
내가 세상과 엮어가는 수많은 관계의 시작이다.

누군가 내 이름을 불러줄 때마다
그 이름은 새로 태어나고,
나는 그 안에서 다시 살아 숨 쉰다.

그래서 내 이름은
내가 아닌 누군가의 목소리로 더 빛나고,
그 소리에 담긴 마음으로
나는 더 큰 내가 된다.

오늘도 누군가의 입에서 내 이름이 나올 때,
그 따스한 울림에 기대어
나는 내가 나임을 확인한다.

너의 편이 되어 줄게

나는 자연처럼 너의 편이 되어 줄게.
말이 많지 않아도, 드러내지 않아도,
늘 그 자리에 있는 존재로.

힘들 땐 바람처럼 스쳐 가 줄게.
조용히 어깨를 감싸 안으며
지친 숨결 하나쯤은 대신 안아 줄 수 있도록.

눈물 나는 날엔
구름이 되어 잠시 햇살을 가려줄게.
네가 조금 더 마음 놓고 울 수 있도록.

너의 마음이 메마른 날엔
조용히 비가 되어 내릴게.
단단히 말라 있던 감정들이
조금은 부드러워지도록.

기쁠 땐 햇살처럼 곁에 머물게.
따로 표현하지 않아도

네가 웃고 있다는 사실만으로도
내 하루는 충분하니까.

나는 그런 존재가 되고 싶어.
무언가를 요구하지 않고,
그저 너의 리듬에 맞춰
조용히 곁에 머물 수 있는 자연처럼.

계절이 바뀌고 하루가 가고
생각이 달라져도,
내 마음은 크게 변하지 않을 거야.

그저 네가 원할 때,
잠시 기대어 쉴 수 있는
그늘 같은 사람이 되어 줄게.

크게 말하지 않아도
나는 늘 너의 편이니까.

어른이의 보호자

나이가 차고
몸도 이미 다 자라 어른이 되었는데,
마음은 여전히 어린아이처럼 서툴 때가 있다.

좋아하는 사람 앞에서 쉽게 설레고,
작은 상처에도 눈물이 먼저 고이고,
세상의 무게를 다 이겨 내기엔
아직 팔 힘이 부족하다.

그래서 종종,
내가 정말 어른이 맞는지 묻고 싶어진다.

작고 여린 아이 하나가
마음 한구석에 조용히 자리 잡고
내 하루에 파문을 남긴다.

그런 나를 곁에서 지켜봐 주는 사람이 있다.
내가 넘어지면 먼저 손을 내밀고,
서툰 걸음도 기다려 주는 마음의 보호자.

그는 조급해하지 않고
내 속도를 함께 걸어 주며
자라나는 마음의 가지를 조심스레 받쳐 준다.

어른이 된다는 건
단단해지기만 하는 게 아니라,
어린 마음을 품은 채
세상을 이해하는 폭을 넓혀가는 일일지도 모른다.

나는 여전히 서툴지만
그 서   덕분에
사람에게 기대는 법을 배우고,
나를 안아 주는 법도 배워 간다.

그리고,
그 마음의 성장을 함께하는 사람이 있다는 건
참 다행스러운 일이다.

어쩌면 마음의 성장은

완성되는 순간이 없는
평생의 여행이지만-

그 길에 함께 걸어 주는 사람이 있다면
조금은 더 단단해지고,
조금은 더 따뜻해질 수 있다.

나를 이끄는 빛

살다 보면, 이유 없이 반복되는 숫자가 있다.
마치 내 인생이라는 책 속에서
그 숫자가 페이지마다
북마크처럼 꽂혀 있는 것처럼.

나에게는 '92'가 그렇다.

내 목소리를 찾아 준 사람,
내 몸에 리듬을 심어 주고
깊이 잠든 재능을 불러낸 사람,
내 마음 위에 고운 선을 그어 준 사람,
내 이야기에 배경을 그려 준 사람도
모두 같은 해에 태어난 1992년생이었다.

나이를 알고 만난 건 아니었다.
그저 나를 편안하게 만드는 목소리,
따뜻하면서도 단단한 눈빛,
그리고 마음을 여는 데 주저함이 없는 대화.

그 모든 순간이 나를
그쪽으로 조금씩 기울게 했다.

마치 내가 무의식적으로,
그 온도와 결을 찾아가고 있었던 것처럼.

그 모든 인연이
시간이 흘러 '92'라는 한 점으로 이어졌다.

이건 우연이 아닌 운명인가 싶은 찰나,
92라는 숫자 속, 한 사람이
운명을 노래하는 장면이 내 눈앞에 펼쳐졌다.

나는 가끔 상상한다.
하늘 어딘가,
92라는 이름의 별자리가 있다고.

그 별자리에 속한 사람들은
내 삶에 작고 은은한 빛을 흘려보낸다.

그 빛은 나를 가르치고,

나를 조금 더 좋은 쪽으로 걸어가게 만든다.

우리 마음속엔

자신만의 이야기를 품은 별자리가 있다.

그 별자리는 북극성을 그리며

내 걸음을 따라 빛을 놓아 준다.

그렇게 빛은

삶의 한 페이지마다

조용히 새겨진다.

서른두 번째 계절

서른두 번째 계절이 찾아왔다.
여러 차례의 봄과 여름, 가을과 겨울을 지나
나만의 시간을 걸어온 흔적들이
조용히 마음 한 켠에 쌓여간다.

익숙한 바람은 여전히 부드럽고,
햇살은 변함없이 따뜻하지만,
어느새 나는 조금 더 깊어진 눈으로
세상을 바라본다.

서른두 번째 계절은
새로운 시작이면서도,
지나온 모든 순간들의 이어짐이다.

지난날의 기쁨과 슬픔,
희망과 아픔이 섞여
내 안에 한 폭의 풍경을 그려 낸다.

때로는 서두르지 않고

그저 느리게 머물러도 좋다는 걸,
서른두 번째 계절은 가르쳐 준다.
바람에 흔들리는 나뭇잎처럼
조금은 흔들려도 괜찮다는 걸.

서른두 번째 계절은
그동안 몰랐던 나의 얼굴을 보여 주고,
내가 얼마나 단단해졌는지
조용히 알려 준다.

이제 나는,
서른두 번째 계절 속에서
더 따뜻하고 부드럽게
나 자신과 세상을 안아 본다.

서른두 번째 계절,
그 특별한 시간은
나에게 주어진 또 하나의 선물이다.

노력의 흔적

눈에 보이지 않는 곳에서
너는 매일 조금씩 무게를 견뎌냈어.
작은 실패들, 사소한 좌절들,
때로는 깊은 슬픔과 마주한 시간들까지도
모두 너라는 사람을 만들어 가는 조각들이었지.

바람 한 점 없는 고요한 밤에도,
별빛조차 흐릿한 어둠 속에서도
너는 멈추지 않았어.
조용히, 묵묵하게 걸음을 내디뎠지.

노력이라는 이름의 흔적은
빛나지 않아도 괜찮아.
화려한 꽃처럼 눈길을 끌지 않아도
땅속 깊은 뿌리처럼 단단히
너를 지탱하고 있으니까.

그 흔적들은
때로는 지친 어깨 위에 쌓여

숨이 가쁘게 만들기도 하지만,
그것이 너의 성장이고,
너만의 이야기를 완성해 가는 과정이야.

세상이 너를 알아주지 않을 때도
스스로에게 "잘하고 있어"라고 말해 줘.
그 누군가의 인정보다
더 강력한 힘이 될 테니까.

그래서 이젠,
네가 남긴 그 모든 노력의 흔적 위에
자신 있게 서도 돼.

그 흔적들은 네가 얼마나 멀리 왔는지,
얼마나 깊이 사랑하는지
말없이 증명해 주고 있으니까.

생존 확인

가끔은 스스로에게 묻는다.
"나는 아직 살아 있나?"
"이 하루를 잘 버티고 있는 걸까?"

숨이 이어지고, 심장이 뛰고 있음에도
삶의 무게에 짓눌릴 때는
그조차도 확신하지 못할 때가 있다.

그래서 나는 하루의 작은 조각들을 꺼내어
스스로에게 증거를 남긴다.

오늘 아침 눈을 떴을 때 느꼈던 차가운 공기,
길가에 핀 이름 모를 꽃을 보며
잠시 멈췄던 발걸음,
누군가의 안부를 듣고 괜히 안심했던 순간,
그리고 아주 사소한 웃음 하나.

그 모든 순간이 나에게 알려 준다.
"너는 여전히 살아 있어.

여전히 무언가를 느끼고,

여전히 세상과 연결되어 있구나."

생존 확인은 단순히

'살아 있음'을 증명하는 일이 아니다.

버텨온 하루를 스스로 인정하는 일,

흔들리면서도 놓지 않은 마음을 쓰다듬는 일,

그리고 내일로 건너가기 위한

다리를 놓는 일이다.

때로는 살아 있다는 사실이

축하할 일 같기도 하고,

다른 때에는 그저 안도의 한숨일 뿐이기도 하다.

하지만 분명한 건,

그 확인의 순간마다 나는 조금 더 단단해지고,

조금 더 나를 믿게 된다는 것이다.

오늘도 나는 마음속에 작은 도장을 찍는다.

'생존 확인 완료'

아직 살아 있음을,
아직 사랑할 수 있음을,
아직 꿈꿀 수 있음을
스스로에게 확인시키며
다시 내일을 향해 걸어간다.

마음을 재우는 밤

잠을 청하려고 누웠지만
늦은 시간이 다 되어 가도록
마음은 잠들지 못하고 있다.

오늘도 너는
생각이 길어져 잠이 멀어졌구나.
눈은 감았는데
마음은 아직 하루를 놓지 못하고 있어.

괜찮아,
그럴 수도 있지.

지금은 억지로 잊으려 하지 말고
그냥 마음을 토닥이며
이야기 하나 들려줄게.

마음은 말이야,
아기처럼 쉽게 잠들지 않아.
하루 종일 세상의 소리와 감정을 품고

조용히 내려놓을 줄 몰라서
혼자 깨어 있는 밤도 많아.

그럴 땐 이렇게 속삭여 줘.

"괜찮아, 오늘도 고생했어.
지금은 아무것도 안 해도 돼.
그냥 여기 누워서, 숨만 쉬어도 괜찮아."

그 말 한 줄이
작은 자장가가 되어
너의 마음을 천천히 감싸줄 거야.

따뜻한 이불처럼, 부드러운 숨처럼
조금씩 조금씩
마음도 눈을 감게 될 거야.

그러니까 이제,

오늘은 너의 마음도 살며시 재워 주자.
내일을 위해 우리 꿀잠 자자.

Part 9.

다시 찾아온 봄바람

기다림 끝에 마음을 깨우는 바람

행운의 숨바꼭질

푸릇한 들판 위,
수없이 펼쳐진 세잎클로버 사이에
나는 천천히 몸을 낮춘다.

햇살은 따사롭고,
바람은 장난꾸러기처럼 머리카락을 건드린다.

세 잎, 또 세 잎, 또다시 세 잎.
반듯하고 예쁜 잎들이
서로 먼저 눈에 띄려고 반짝인다.

그 안에서
한 송이의 행운이 숨을 죽인 채 나를 기다리고 있을지도 모른다는 마음에
조금 더, 조심스레 시선을 옮긴다.

"여긴 아닐까?"
"아니, 여긴?"

그렇게 수많은 '아니다' 끝에
어느새 마음이 조용해지고,
어쩌면 찾지 못하더라도
이 순간이 참 좋다는 생각이 스친다.

그리고
작고 수줍은 그 잎 하나가
내 시선 끝에서 고개를 든다.
세 잎이 아닌,
네 잎을 가진 하나의 기적.

행운은 갑자기 반짝 나타나는 게 아니라,
매일의 인내와 마음을 다한 기다림 끝에
조용히 얼굴을 내민다는 걸,
그날 나는 처음 알게 되었다.

숨은그림찾기처럼
조금은 어려워도

놓치지 않으려는 마음,

그게 아마 행운을 부르는 주문일지도.

아직 못다 핀 꽃

어딘가에 아직 못다 핀 꽃이 있다.

세상에 드러나지 않은 채,
조용히 그 자리에서
스스로를 키워 가는 꽃.

아직 바람에 살랑일 만큼
온전히 피어나지 않았지만,
그 안에는 무한한 가능성과
깊은 생명이 숨 쉬고 있다.

세상은 종종
완벽하게 피어난 꽃만을 바라지만,
나는 그 '아직'에 담긴 힘과 아름다움을 안다.

아직 퍼지 않은 꽃잎 사이로
비밀스러운 꿈들이 피어나고,
희망이라는 이름의 빛이 스며든다.

그 꽃은 서두르지 않는다.
자신만의 시간을 존중하며
조용히 내면을 가꾸고 있다.

어쩌면 우리도 그런 존재다.

삶의 어느 순간,
아직 다 피어나지 않았기에
불안하고 초조할 때도 있지만,

그 '아직' 속에
우리가 걸어갈 길과
피어날 미래가 담겨 있다.

아직 못다 핀 꽃은
언젠가 환하게 피어날 것이다.

그날을 위해
묵묵히 기다리고,

스스로를 사랑하며,
자신의 빛을 준비하는 시간이다.

그래서 나는 오늘도
아직 피지 않은 내 마음속
작은 꽃을 바라본다.

그 꽃이 피어날 그날까지,
내 안에 숨겨진
무한한 가능성을 믿으며.

지금도 늦지 않았어

때로는 지나온 시간들이
무겁게 어깨를 짓누르고,
내가 너무 늦은 건 아닐까
두려움에 발걸음이 멈출 때가 있다.

과연 내 시작은 언제일까,
지금이라도 달려도 괜찮을까,
수없이 스스로에게 묻는다.

하지만 진실은 이렇다.

가장 늦었다고 생각하는 바로 그 순간이
사실은 가장 빠른 시작점이라는 것이다.

그 깨달음은
마음속 깊은 곳에 숨겨진 희망의 불씨를 살리고,
멈춰 있던 발걸음에 다시 생명을 불어넣는다.

늦었다고 생각했기에

그제야 나는 움직인다.

비록 그 길이 천천히 걸어가는 길일지라도,
조금씩 한 걸음씩 내딛는 그 발자국은
어느새 내 인생의 새로운 문을 연다.

지금 이 순간부터,
내 마음을 다독이고
흩어진 꿈들을 다시 모아본다.

시간은 나의 적이 아닌 친구이며,
나는 언제든지 나 자신을 만날 준비가
되어 있다.

그동안 지나온 날들이
나를 더욱 단단하게 만들었음을,
그 모든 순간들이
지금의 나를 위한 밑거름임을 안다.

그래서 나는
지금도 늦지 않았음을 믿는다.

그리고 다시 한번 나에게 말한다.
"괜찮아, 지금부터 시작하면 돼."

그 말 한마디가
앞으로 나아가게 하는 힘이 되어
나는 오늘도 조금씩
나만의 길을 걸어간다.

제자리걸음

때로는 마치 멈춰 선 듯,
아무리 발걸음을 내딛어도
제자리에서 맴도는 기분이 든다.

앞으로 나아가고 싶은 마음과
불확실한 미래 사이에서
방황하는 순간들.

그 길은 외로움과 두려움이
살며시 밀려오지만,
그 속에서도 나는 조용히 싸운다.

속도를 내지 못해 답답하고,
내가 잘하고 있는지 알 수 없어
스스로를 의심하기도 한다.

하지만 그 느리고 더딘 걸음들 안에는
보이지 않는 성장과 배움이 숨어 있다.

매일 반복되는 작은 발걸음 속에서,
내면의 작은 씨앗들이 싹을 틔우고
조용히 뿌리를 내리고 있다.

제자리걸음은 단순한 멈춤이 아니다.
그것은 나를 위한 쉼표이자,
내 마음이 자라나는 시간이다.

때로는 뒤돌아보며
지나온 길을 돌아보기도 하고,
나 자신에게 너그러워질 용기를 내기도 한다.

모든 것이 완벽하지 않아도 괜찮다.

느리고 더딘 그 길 위에서
나는 조금씩 단단해지고,
언젠가 내 빛을 찾을 것이다.

인생 선배

인생 선배란
마치 오래된 나무처럼
묵묵히 그 자리를 지키는 존재다.

바람에 흔들리고, 비바람에 젖으며
수많은 계절을 건뎌낸 그 나무는
그늘 아래 쉬는 이들에게
포근한 안식처가 되어 준다.

그들은 한때 나처럼
길을 헤매고 넘어지고,
다시 일어서기를 반복했다.

그 과정에서 얻은 상처와 기쁨, 아픔과 희망을
조용히 마음속에 담아 두었다가
내게 조용히 전해 준다.

인생 선배의 눈빛에는
말로 다 할 수 없는 깊은 이해와

연민이 담겨 있다.

내가 실수할 때, 꾸짖기보다
'괜찮아, 다들 그런 시간을 지나가'라고
조용히 다독여 준다.

그들은
내가 길을 잃었을 때 손을 내밀어
내 발걸음을 다시 바로 세우게 하고,
내가 주저앉았을 때 곁에 앉아
내 눈물을 함께 닦아 준다.

그리고 무엇보다도
그들은 내가 나 자신을 믿게 해 준다.
아직 완벽하지 않아도,
넘어져도, 천천히 걸어도 괜찮다고
가슴 깊이 새길 수 있도록.

인생 선배는 답을 알려 주는 사람이 아니다.

그저 그 길 위에 서서,
'네가 선택한 길을 응원한다'며
따뜻한 미소를 건네는 사람이다.

언젠가 나도 누군가의 인생 선배가 되어
길 잃은 누군가에게 작은 등불이 되고 싶다.
내가 받은 그 온기를
조용히 이어 주는 사람이 되고 싶다.

그때까지, 오늘도 나는
인생 선배들의 발자취를 따라가며
조금씩 더 단단해지고,
더 따뜻한 사람이 되어 간다.

인간은 적응의 동물

처음엔 낯설었다.
이곳의 환경, 사람들도.
내가 서 있는 이 자리가 아닌 것 같아서
자꾸만 익숙한 곳으로 돌아가고 싶었다.

하루에도 몇 번씩
익숙한 얼굴을 떠올리고,
익숙한 그곳을 그리워했다.
그 모든 익숙함이 지금의 낯섦보다
훨씬 나은 것처럼 느껴졌었다.

하지만 사람은 참 신기하게도
불안과 걱정 속에서도
조금씩 익숙해지는 능력을 가지고 있다.

무심코 지나친 풍경에도 눈이 머물고,
어색했던 인사에도 미소가 번지고,
어느새 그 자리에 내 마음이 스며들고 있다.

나도 그랬다.
새로운 곳에서 일을 시작했을 때,
혼자 남겨진 순간 불안함이 먼저 찾아왔다.
하지만 시간이 흐르면서
혼자서 하는 게 조금씩 편해졌고,
어느 날은 문득, 재미까지 느끼고 있는
나를 발견했다.

일이라는 게 늘 힘들고,
때론 하기 싫기도 하지만
그 안에서도 재미를 느낄 수 있다는 건
참 다행이고,
여기서 오래 정착할 수 있을 것 같았다.

그리고 그제야 알게 된다.
내가 떠나왔던 그곳도 처음엔 이랬을 거라는 걸.

익숙함이란 그렇게
천천히, 그리고 조용히 스며드는 거라는 것을.

어쩌면 우리는
어디에서든 살아 낼 수 있는
꽤 괜찮은 생명체일지도 모른다.

그러니까 오늘도,
여기서 조금씩 적응해 볼게.
언젠가는 이곳도
나의 익숙한 풍경이 되겠지.

작은 변화 속 새로움

살다 보면, 마음이 무겁게 내려앉는 날이 있다.
별일 아닌 것 같은데도
심장이 바닥에 가라앉은 듯 답답하고,
작은 일에도 쉽게 지쳐버리는 순간들.

그럴 때 필요한 건 거창한 변화가 아니라
잠깐의 기분 전환이다.

바람이 부는 거리를 걸으며
음악에 몸을 맡기는 것,
달콤한 디저트 한 입에 미소가 번지는 것,
책장을 아무렇게나 펼쳤다가
마음에 와닿는 문장을 발견하는 것-

이처럼 작은 순간들이
마음의 공기를 환기해 준다.

때로는 외적인 변화를 통해서도
기분은 달라진다.

헤어스타일에 변화를 주고,
손끝에 이달의 아트를 올리기도 하며,
옷차림을 바꾸고 새로운 화장을 시도해 보는 일.

겉모습을 가꾸는 일은 단순히 꾸밈이 아니라,
'오늘의 나'를 새롭게 시작하는
선언이 되기도 한다.

기분 전환은 단순한 휴식이 아니다.
무겁게 굳어 버린 마음을 풀어 주고,
다시 앞으로 걸어갈 수 있는
작은 용기를 건네는 마법이다.

마치 방 안에 쌓인 먼지를 털어 내듯,
답답했던 마음이 맑아지는 순간.
그 잠깐의 틈 속에서 우리는 다시 웃을 수 있고,
지친 어깨를 내려놓을 수 있다.

결국, 기분 전환이란

삶을 잠시 다른 각도에서 바라보는 일이다.
늘 같은 길 같아 보이던 하루에도,
눈길을 옮기면 또 다른 풍경이
숨어 있음을 알려 준다.

그러니, 마음이 무겁게 가라앉는 날에는
억지로 애쓰지 않아도 괜찮다.
잠깐 멈추어 서서,
작은 기분 전환 하나를 허락해 주면 된다.

그 순간이 모여
우리가 내일을 살아 낼 힘이 되니까.

인생 n회차

사람들 속에는 가끔,
나이를 초월한 눈빛을 가진 이들이 있다.

어제오늘을 산 듯한 풋풋함 대신
어제보다 오래전,
마치 두 번쯤 살아 본 듯한
묵직한 기운을 지니고 있다.

그들은 조급해하지 않는다.
모두가 달려가야 한다고 말하는 순간에도,
그들은 잠시 멈춰 숨을 고른다.

흐름을 놓치는 게 두렵지 않다.
어차피 필요한 자리에
때가 되면 도착할 것을 아는 듯 태연하다.

그런 사람들을 우리는 흔히
'인생 2회차' 라고 한다.

마치 이미 한 번은 살아본 듯,
어떤 장면 앞에서도 당황하지 않고
담담히 걸어가는 이들.

그러나 곱씹어 보면,
우리는 모두 n회차 인생을 살아가는 게 아닐까.

인생은 한 번뿐이라고 하지만,
사실 우리는 수없이 다시 태어난다.

꿈이 무너졌을 때,
사랑이 끝났을 때,
익숙한 길이 막혔을 때,
우리는 그 자리에서 작은 죽음을 맞이한다.

그리고 다시 일어서면서
새로운 삶을 시작한다.

어린 날의 나는 첫 번째 회차,

청춘의 나는 두 번째 회차,
상처를 딛고 다시 걷는 나는 세 번째 회차.
그렇게 세어 보면,
누구나 이미 인생 n회차를 살아가고 있다.

삶의 주어진 횟수는 하나뿐이지만,
그 안에서 수십 번 무너지고 일어나는 순간들이
또 다른 회차를 만든다.

그 과정에서 우리는 조금씩 달라진다.
어제의 나와 오늘의 내가 같을 수 없는 건,
내가 이미 또 한 번의 삶을 시작했기 때문이다.

그러니 서툰 오늘을 두려워하지 말자.
지금은 인생의 몇 회차인지 알 수 없지만,
분명 더 단단해진 내일을 준비하는
새로운 시작일 테니까.

살면서 한 번쯤

살면서 한 번쯤은
가슴 뛰는 일을 해 봐야 해.

계산기 두드리기 전에
심장이 먼저 반응하는 그런 일.
이유도 모르겠고, 결과도 장담 못하지만
그냥 해야 할 것 같은 일 말이야.

살면서 한 번쯤은
하늘에서 뛰어내려 봐야 해.

번지점프든, 스카이다이빙이든,
두려움이 짜릿함으로 바뀌는 그 순간을 느껴 봐.
"나 진짜 해냈다!"
그 감정은 평생 잊히지 않아.

몸을 던지듯 도전해 보는 것도 좋아.
아크로바틱처럼 균형을 잃을 것 같은 순간에도
스스로를 믿고 버텨보는 거야.

그건 단지 기술이 아니라,
용기와 믿음으로 만든 한 동작이니까.

살면서 한 번쯤은
진심을 다해 누군가를 사랑해 봐야 해.

부끄러워도 좋고, 상처받아도 괜찮아.
그 마음을 다 줬던 날들을
평생 잊지 못할 테니까.

살면서 한 번쯤은
모든 걸 내려놓고 떠나 봐야 해.

가까운 바다라도,
이름 모를 시골 마을이어도 괜찮아.
세상이 얼마나 넓고
내가 얼마나 단단한지 알게 될 거야.

살면서 한 번쯤은

혼자서도 괜찮다는 걸 느껴야 해.

외로움이 아니라,
온전한 나로 존재하는 느낌.
그건 아무리 시간이 지나도
마음속에 빛처럼 남거든.

살면서 한 번쯤은
지금 이 순간을 사랑해 봐야 해.

언제나 더 나은 날만 바라보다
지금을 놓쳐버리지 않게.

마침표 너머

글을 쓰다 보면
마침표를 찍을 때가 있다.

그 순간, 어떤 이들은 그것을
끝이라고 생각한다.

하지만 마침표는
그저 한 문장의 마무리일 뿐,
끝이 아닌
새로운 문장으로 나아가는 첫걸음이다.

우리 삶도 그렇다.

어떤 일이 끝나고,
어떤 순간이 마무리되었을 때,
그 자리에 머무르지 않고
다시 새로운 시작을 맞이한다.

마침표 뒤에는

아직 쓰이지 않은 수많은 이야기와
가능성이 기다리고 있다.

때로는 두려움에 멈춰 서지만,
그 끝맺음은 결국
더 큰 도약을 위한 준비다.

지친 마음에 휴식을 주고,
자신을 다독이며,
새로운 길을 향해 다시 발걸음을 뗀다.

마침표는 결코 종착지가 아니다.

그것은
새로운 꿈과 희망을 향한
조용하지만 단단한 시작이다.

그래서 나는
오늘도 마침표를 찍고,

그 뒤에 펼쳐질 또 다른 이야기를 기다리며,
한 걸음씩 내딛는다.

에필로그

글을 쓰는 동안, 나는 자주 멈춰 섰어.
무엇을 남기고 싶은 걸까,
어떤 마음을 담고 싶은 걸까~

하지만 생각해 보면,
우리는 그저 살아 내는 것만으로도
이미 충분히 아름다운 이야기를
쓰고 있는지도 몰라.

바람처럼 흘러간 날들이
마음에 천천히 스며들고,

그 안에서 무언가 피어났다면,
그건 아마 너의 삶이 말을 걸어온 순간일 거야.

이 책을 덮는 지금,
너의 마음 어딘가에도
작은 바람 하나가 남아 있기를 바래.

그 바람이,

네가 걷는 길 위에서

언제든 너의 등을 살며시 밀어줄 수 있기를.

그리고 언젠가,

그 길 끝 어딘가에서

너의 마음도 미소 짓고 있기를.

늘 그렇듯,

바람따라 흐르는 날들처럼

우리의 이야기는 계속될 거야.

바람따라 흐르는 날들

ⓒ 온하루, 2025

초판 1쇄 발행 2025년 11월 30일

지은이	온하루
펴낸이	이기봉
편집	좋은땅 편집팀
펴낸곳	도서출판 좋은땅
주소	서울특별시 마포구 양화로12길 26 지월드빌딩 (서교동 395-7)
전화	02)374-8616~7
팩스	02)374-8614
이메일	gworldbook@naver.com
홈페이지	www.g-world.co.kr

ISBN 979-11-388-4892-3 (03810)

- 가격은 뒤표지에 있습니다.
- 이 책은 저작권법에 의하여 보호를 받는 저작물이므로 무단 전재와 복제를 금합니다.
- 파본은 구입하신 서점에서 교환해 드립니다.